从容养育这样说孩子才会听

未来树 卡酷传媒 编 著　　李兆良 主 编

编委会

王明姬　叶　壮　闫红娟　白雪羽

江苏凤凰科学技术出版社 · 南京

图书在版编目（CIP）数据

从容养育 ：这样说孩子才会听 / 未来树，卡酷传媒编著 ；李兆良主编. -- 南京 ：江苏凤凰科学技术出版社，2022.1

ISBN 978-7-5713-2484-1

Ⅰ. ①从… Ⅱ. ①未… ②卡… ③李… Ⅲ. ①儿童教育—家庭教育 Ⅳ. ①G782

中国版本图书馆CIP数据核字(2021)第215159号

从容养育 这样说孩子才会听

编　　著　未来树　卡酷传媒
主　　编　李兆良
责任编辑　祝　萍　陈　艺
责任校对　仲　敏
责任监制　方　晨

出版发行　江苏凤凰科学技术出版社
出版社地址　南京市湖南路1号A楼，邮编：210009
出版社网址　http://www.pspress.cn
印　　刷　佛山市华禹彩印有限公司

开　　本　700mm×1000mm　1/16
印　　张　16
字　　数　19 800
版　　次　2022年1月第1版
印　　次　2022年1月第1次印刷

标准书号　ISBN 978-7-5713-2484-1
定　　价　59.80元

PREFACE

推荐序 1

《从容养育 这样说孩子才会听》是一本探讨怎样和孩子建立良好沟通的书，本书的主旨是“了解”和“智慧”，深刻地了解孩子，学习智慧的养育方法。

每个孩子都是天使，打开天使的世界需要一把神秘的钥匙。我们常对孩子的一些行为、想法不理解甚至恼怒，这都是因为还没找到那把钥匙。懂得孩子的前提是深刻的理解，理解之后才是智慧有效的帮助。这本书从六个方面多维度地介绍了父母与孩子沟通的方法。最难能可贵的是，每次都先教给你理解孩子的方法，再告诉你该怎么做。相信读者阅读之后会发现，了解孩子的过程其实也是自己成长的一次修补，探索成长的奥秘充满惊喜和快乐。

生儿不易，养育更难，既然把小天使请到了这个世界，那就好好做他（她）的守护者吧。卡酷愿协助你并和你一起在七彩的世界里做合格的父母，和孩子一起快乐地长大！

亚　明

卡酷少儿卫视主持人

PREFACE

推荐序 2

如果你是一位家长，当你打开这本书时，相信你一定对自己和孩子有所期待。想要做好父母，成为好父母是第一步，也是最重要的一步。

我们都知道，做好父母并不容易。

养育子女是一个极其漫长的历程，教育方法的对错要在很久之后才能显现。当看到结果时，往往已经没有重来一次的机会了。因此，许多父母都渴望能够在孩子还小的时候，得到一套系统的教育方法论，用以应对教育子女过程中的种种难题。基于这样广泛的需求，家庭教育学读物应运而生。

《从容养育 这样说孩子才会听》就是为了解决家庭教育中父母和子女之间的沟通难题而创作的。其中并没有太多的大道理，而是以一个个贴近生活的小场景为切入点，将家庭教育中常见的说话问题，用具体的情节表现出来；呈现一些常见的错误说法，引出一些正确的可供参考的解决方案；解析不同的说话方式背后传达的教育意义。简单易学，操作性强，相信对大部分父母都会有启发。

家庭教育的一个常见误区，是许多父母以为自己讲给孩子的道理、说出口的话，就是自己灌输给孩子的教育理念。但回顾我们自己的成长经历，会发现事实并非如此。和人与人之间的沟通一样，教育并不是一个单向的行动，而是一种双向的实践。父母单向的输出往往会沦为无效的说教，无法引起孩子内在深刻的共鸣，更难让父母理解孩子内心真实的所思所想。所以，我们与其直接将许多大道理灌输给孩子，不如学着耐心一点，在一次次小的生活场景中，实践和传达我们的教育理念。对孩子来说，虽然这些细微的改变或许不会有立竿见影的效果，但能如春风化雨一般陪伴和引导孩子成长。对父母而言，每一次实践过后产生的积极反馈，也是对自身作为父母的一种肯定，鼓励父母继续朝着更好的方向前进。

教育方法的改变，影响的不仅是孩子，也是父母。换一个角度来看，这种双向也可以体现在孩子对父母优缺点的继承上：孩子们身上固然有一些不可追溯、不可控的原因造成的个性特征，但模仿父母依然是他们形成自己行为模式的主要途径。因此，随着阅读的深入，读者会发现在呈现“正确的说话方式”的同时，这本书也是在引导父母成为一个性格平和、有耐心、有责任、有原则的大人。本书中许多案例，不仅是在试图解释孩子的行为，也是在提示孩子行为背后的原因往往在于父母。想要引导孩子朝着积极的方向成长，父母也需要经常反思。正如陶行知先生所说：“以教人者教己，在劳力上劳心。”

当然，父母不必追求养育完美的小孩，也不要用完美的父母标准来要求自己。所以，如果你在阅读的过程中，发现自己曾经的教育方法是错误的，也不必过于自责。没有人能成为完美的父母，孩子也并非必须在完美教育环境的引导下，才能成长为一个健康、积极、幸福的人。对于愿意反省、学习和改变的父母来说，家庭教育是有容错空间的。

英国的教育家维克多·弗兰克曾经说："每个人都被生命询问，而他只有用自己的生命，才能回答此问题，只有以'负责'来答复生命。"父母养育孩子的过程，不仅是在回应孩子的成长需求，也是在回答自己的生命。怀着对自己和孩子的期待，在不断反思及学习中进步。相信每一位家长看完这本书后，都能变得更加从容。让家庭教育成就孩子的一生，也成就一个幸福的家庭。

总之，我向读者隆重推荐《从容教育 这样说孩子才会听》，因为它具有以下几个鲜明的特点：第一，内容充用，且十分切合眼下家教领域的实际，令人深受启发；第二，版面活泼，意趣十足的漫画，令人爱不释手；第三，可操作性强，有许多方法十分实用，可活学活用；第四，互动性强，无论是小测试还是小课堂，大家都可以在其中找到自己的影子。

凡此种种，都值得父母和教师好好阅读、领会。

相信这本书一定能给你的家庭带来温暖和活力。

是为序。

岳晓东

哈佛大学心理学博士

首都师范大学心理学教授

CONTENTS

目录

Chapter 3 正面沟通，提升孩子抗挫力

Chapter 4 建立有效沟通，快速提升孩子学习力

Chapter

做暖心父母，让孩子避免原生家庭伤害

Chapter 1

孩子为什么不愿意和你沟通

小测试

>>> The Test

你是哪一种类型的父母？

人的性格有很多种，不同性格的父母会对孩子造成不同的影响。你想知道自己是哪一种类型的父母吗？你知道自己在今后的教子过程中应该注意哪些问题吗？如果你想知道答案，请认真往下看。

▶ 你向孩子提出一个要求之后，你会允许孩子立即提出自己的看法和要求，即使你有异议，也会很虚心地接纳，并立即改变自己的要求。你的目的只有一个，那就是你对孩子提出的要求是科学、合理的，也是孩子乐于接受的。

▶ 在生活中，你很少向孩子提出自己的要求，你认为父母应该给孩子最大的行动自由，无论做什么事情，都应该把尊重孩子的个人意愿放在第一位。在别人看来，有时你对孩子采取了完全放任的态度。

▶ 在生活中，你要求孩子必须完全听从你的决定和安排，至于孩子的意见，你认为是无足轻重的，甚至你根本就没有考虑过孩子还会有自己的意见，因为在你的意识中，孩子的想法是幼稚的、不值一提的。孩子必须按照你设计的发展蓝图成长。

小测试

>>> The Test

测试结果与分析

权威型父母

父母与孩子之间能很好地沟通。孩子遇到困难时，会第一时间告诉父母自己的需求，寻求帮助，父母会不惜一切帮助孩子。

有的时候权威性不足，孩子并不会真正尊重或者采纳父母的意见，所以父母和孩子之间的关系需要重新认识和定位。

宽容型父母

优点 ▶

孩子和父母之间能很好地沟通。如果孩子有什么需要，他会立即向父母提出，父母也乐于在最短的时间内给予帮助。

缺点 ▶

父母对孩子有些放任，虽然父母应给予孩子充分的尊重和自由，但是必须对孩子的成长施加影响，避免孩子变得自我，难以接纳别人的意见。

专制型父母

优点 ▶

父母可以保持自己的权威，在孩子的心目中具有一定的地位，无论什么时候，父母的意见都会被孩子放在第一位。

父母的这种行为抹杀了孩子的自由天性，孩子会因父母的过分干预而没有主见，在离开父母后，很容易变成一个人云亦云的人。

重新认识亲子沟通

第1节

有效的亲子沟通，是治愈孩子心灵的关键

- 表扬到位，批评有度
- 把话说到孩子心里
- 做孩子的大朋友

大家都想努力成为孩子的好父母，不希望家里每天充满亲子冲突。可是，为什么很多父母越努力，却越事与愿违呢？

NO 场景

妈妈，我想和同学去爬山，周末的舞蹈课不想去了。

先去上课吧，你看艳艳姐姐舞蹈学得多好。

我为什么要和她一样？你还和艳艳姐姐的妈妈不一样呢。

这舞蹈课不是谁想去就能去的呀，老师可是名校老师。

好久没出去玩了，我们班好多同学都会去呢。

母女两人互相看着，谁也没说话……

有苦难言的妈妈和我行我素的女儿，学舞蹈与出去玩，两个难题摆在了母女俩面前。生活中有多少这样的场景呢？

我们说的道理明明都对，孩子怎么就不能好好听呢？我们做的每件事都是真心实意为了孩子好，可是孩子却跟我们的距离越来越远，甚至变得像仇人一样。

为什么爸爸妈妈总在唠叨那些没用的，根本听不进去我的想法和苦恼呢？

>>> 小课堂

父母的话没有进到孩子心里，孩子的话也没有进到父母的耳朵里。这是因为父母和孩子之间的沟通出了问题，无效的沟通导致听不到彼此的需求，导致生活被亲子冲突占满，从而使父母和孩子的距离越来越远。

YES 场景

妈妈，我能和同学出去玩吗？

我帮你向舞蹈老师请假。

谢谢妈妈！

偶尔放松一下，去和同学玩吧！

>>> 小课堂

建立良好的亲子沟通不是件容易的事情，但是如果做好的话，确实可以让我们的亲子关系变得更融洽，也会帮助孩子变得更自信、更积极。

当父母是需要学习的，和孩子沟通也有讲究，父母需要抛弃不合适的沟通方式，学习科学的沟通方法。

表扬到位，批评有度

大多数父母知道，批评责骂对孩子成长不好，于是转向积极表扬孩子，让孩子的生活中充满赞美。归咎于这种非此即彼的方式，孩子并没有变得更好，反而总是在逃避困难。

表扬孩子要走心，要到位，所谓春风化雨。正确的激励方式才能养育出一个愿意面对挑战的孩子。批评孩子时不要急，要有度，所谓润物无声。正确的批评方式可以让孩子从错误中学到解决问题的方法。

把话说到孩子心里

不同的孩子有不同的性格，父母要注意“因材施教”。和急脾气的孩子沟通的时候，不能用跟温和的孩子沟通的方法，那样他根本听不下去。

父母需要根据孩子的性格，运用不同的沟通方法，把话说到孩子心里。

3

做孩子的大朋友

父母难做，说得轻孩子不听，说得重怕伤孩子自尊。那么，不如做孩子的大朋友。

针对孩子不同的成长阶段，父母有不同的沟通方法。与青春期的孩子沟通尤其如此，做父母的不能盛气凌人，要考虑到这个发展阶段孩子的心理特征，放低姿态，在适合的时候给予孩子朋友般的帮助。

高效亲子沟通的秘密

第2节 正面激励，找到表扬孩子的正确姿势

- 表扬要具体
- 和孩子过去对比
- 学会夸孩子

孩子是需要表扬和鼓励的，就像植物需要水一样。父母不能只盯着孩子的缺点责备孩子。可是，在养育孩子的过程中，父母努力表扬孩子，每当孩子做了什么事情，父母就用各种能想到的词语赞美孩子，告诉孩子“你好棒”“你好厉害啊”，好像事情并没有按照父母预想的方向发展。

NO 场景

从孩子很小的时候开始，妈妈就注意努力夸奖孩子，不随便否定、批评孩子。可是孩子上学后经常不完成作业，成绩下滑。

小课堂

孩子出现这些问题的主要原因，就是他小时候一直在“你好聪明”之类的赞美中长大，这让孩子只想维护自己的聪明，害怕失败，没有办法面对自己不懂的东西，于是就选择了逃避学习。

要想正确地表扬孩子，起到正面激励的作用，是有技巧的。

表扬孩子要具体

如果父母的表扬是主观、抽象的，那么孩子听了之后是不会有多大进步的，因为这种主观、抽象的赞美并不能帮助孩子学到些什么。如果父母跟高年级的孩子这么说，他反而会觉得你只是在应付。所以，父母需要分析当时的情况，找到表扬的具体要点。

父母表扬孩子经常会说“你很棒”“你好厉害啊”，用这样的话回应孩子显得太空洞，会让孩子失落、伤心，这种赞美起不到太多激励的作用，也没法帮孩子找到努力的方向。

如果父母从画里找出某一处或某几处细节，针对这些细节进行表扬，这样孩子不仅会知道接下来画画的时候该如何努力，还会感受到父母是真的在意自己的。

要赞美孩子努力的过程

如果只是赞美孩子“很聪明”“很棒”，他会陷入“我做得好是因为‘我聪明’‘我很棒’”的误区，让他无法正确认识自己、认识他人。如果遇到困难和挑战的时候，就会下意识回避，因为他知道做不好的话就得不到赞美，还不如不做；可是，如果他因为努力的过程而得到表扬，那他就会在困难面前坚持不懈，会更有耐心，而不是投机取巧。

NO 场景

孩子放学回到家，拿着满分试卷给爸爸看，爸爸看了看试卷上面红红的“100”高兴地说道。

总这么说，孩子会觉得爸爸只看重成绩，而不在意自己的努力。所以，要具体地表扬和肯定孩子，给孩子指明进取的方向。

YES 场景

爸爸看到孩子的高分考卷，他是如何鼓励孩子的呢？

你上次考了 80 多分，这次考了 100 分。你一定很努力，才取得这样的进步。能告诉爸爸，你是怎么做到的吗？

▶▶▶

考试之前，我做了充分的复习。

复习起到了很好的作用吧，继续加油。

这样可以让孩子慢慢了解到努力的重要性，愿意去研究和调整自己，愿意通过坚持和努力去取得进步，帮孩子建立成长型的思维方式。

任何人的生活都不会一帆风顺。在孩子的生活中，他也会遇到很多困难，如果他懂得努力的意义，就会踏实地一步一步走下来，这样才能拥有丰富快乐的人生。

和孩子的过去对比，而不是和其他人对比

很多人从小到大都生活在“别人家的孩子”的阴影下。父母把自己的孩子跟别的孩子比较，不管是批评还是赞美，都不利于孩子自身的成长。

例如，孩子上次考了 80 多分，这次考了 100 分，爸爸是这样表扬孩子的：

不错，你这次考了 100 分，比邻居家小明考得好很多。

孩子听了这样的评价，会加重他的比较心。当孩子总是处于跟别人

比较的状态，他的关注点就是争输赢，就是要“超过别人家的孩子”，从而忽略了自己的成长。当这样的孩子遇到困难时往往会直接躲开，因为他怕输，怕得不到表扬。

YES 场景

爸爸，这个给你看。

这次的成绩很好，比上次提高了很多。你的努力见效了，继续加油！

让孩子跟过去的自己比较，他才可以看到自己成长的过程，发现进步的意义，才会更愿意去学习新事物。

既要当众夸孩子，也要背后夸孩子

谦虚是我们的传统美德，不过，谦虚过头的话是无法激励孩子的。

NO 场景

这次考试，你家儿子考得真不错。

▶▶▶

一般般啦，没什么值得表扬的，他可差远了。

孩子低头不语……

身边的孩子听到别人夸自己本来心情不错，父母一否认，孩子的心情就跌落谷底了。其实父母完全可以接着别人的话继续夸自己的孩子，只要父母的描述具体且关注孩子的努力过程，那就是合适的赞美。

YES 场景

表扬孩子可以当众表扬也可以背后表扬，不需要为了社交中的客气而否定孩子的努力。

高效亲子沟通的秘密

第3节 给批评的话裹上甜甜的“糖衣”

- 就事论事
- 告诉孩子错在哪里
- 克制情绪，意见一致

1925年，美国心理学家赫洛克与齐格勒等人进行了关于表扬与批评的实验。实验结果表明，表扬和批评都有利于提高儿童的学业成绩，合理的批评能够帮助孩子更全面地认识自己，形成坚强的性格。

有很多父母可能看到过类似“批评会扼杀孩子自由的天性，会伤害孩子”之类的言论，担心自己的批评会让孩子变怂、变得不自信。

实际上这种说法是不科学的。错误的训斥可能会打击到孩子，但是当孩子犯错的时候，父母需要用正确的方式批评他，告诉他事实，这样才能帮助孩子成长。

接下来，我们一起来看看父母在批评孩子的时候，需要注意哪些地方。

就事论事，批评具体的行为，不贴标签

客厅地板上无处下脚，积木、拼图等玩具到处都是。妈妈从外面回来，见状上来就训斥孩子：

你这个好吃懒做的孩子，从来都不收拾玩具。

YES 场景

小课堂

批评孩子不是抬高嗓门、瞪大眼睛，盛气凌人地教训，要知道负面的标签会让孩子觉得自己就是不好，容易让孩子放弃自我成长。

告诉孩子道理和规则，教他应该如何做

在孩子犯错的时候，有些父母会说：“你知道自己错在哪里了吗？”父母在孩子没有反馈之后暴跳如雷，可问题是孩子也许真的不知道。孩子的认知能力有一个成长过程，抽象思维有限，没法跟大人猜来猜去，他需要被明确告知错在哪里，给他讲清楚道理和规则，告诉他正确的做法，手把手教他应该如何做才能改正错误。

父母采用吼骂、训斥的方式否定孩子，只是在发泄自己的情绪，并不能解决问题，反而对孩子成长不利。

父母直接告诉孩子哪里做错了，并引导孩子该怎么做，这样才能高效解决问题。

我们给孩子贴标签、指责他，还否定他以往的努力，让孩子觉得自己一直在犯错误，是个坏孩子，并充满内疚与反叛。

父母直接告诉孩子哪里做错了，孩子听了之后会认识到自己的错误，也知道自己是今天才犯了错误，而不是一直犯错误。接下来，父母就要告诉孩子正确的处理方法，并行动起来，跟他一起合理规划接下来的时间，采取行动，完成作业。

>>> 小课堂

对于低年级小朋友来说，有些事情想要做好，需要父母手把手地指导。父母需要亲自带着孩子实践很久，孩子才能真正做好时间管理，不再犯之前的错误。

父母需要克制自己的情绪

很多时候，父母一看到孩子犯错，自己的情绪就立刻爆发了，开始大肆训斥孩子。但是这种方式除了让孩子害怕之外，没有别的作用，更不用说改变孩子的错误行为。

例如，妈妈回到家，儿子正在津津有味地看喜欢的动画片，妈妈立刻情绪爆发，开始斥责孩子：

你怎么又在看电视，作业写了没？

这种说话方法会让孩子直接关闭沟通的大门，也无法解决问题。

YES 场景

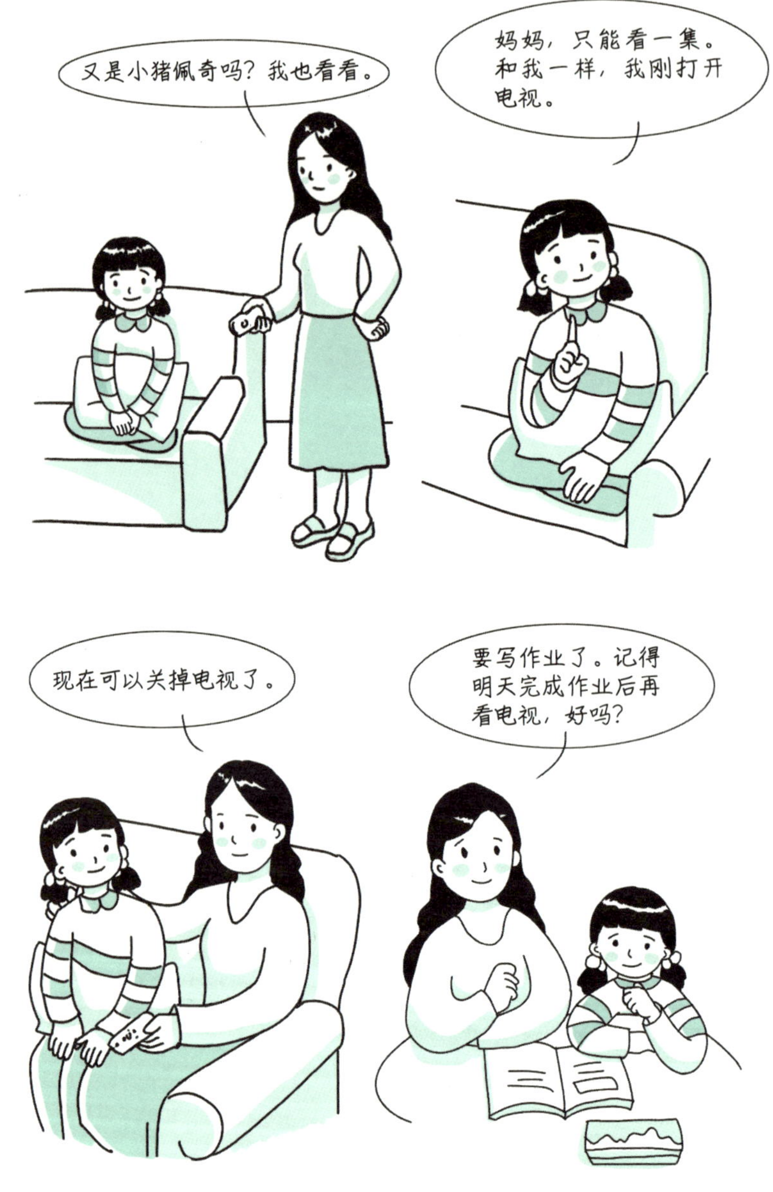
又是小猪佩奇吗？我也看看。
妈妈，只能看一集。和我一样，我刚打开电视。
现在可以关掉电视了。
要写作业了。记得明天完成作业后再看电视，好吗？

批评意见要一致

现在不少家庭是“严父慈母”，在教育孩子尤其是批评孩子时，一个唱红脸，一个唱白脸，其实这种做法并不好。

当孩子犯错后，父母意见不一致，孩子就不会认识和改正错误，相反，孩子会积极去寻求庇护，甚至可能因此变得肆无忌惮。这样是非常不利于孩子成长的。

孩子犯错后，父母一定要及时沟通，形成“统一战线”，共同努力。这样才能让孩子正视自己所犯的错误，并努力去改正自己的错误。

Tips

01

注意不翻旧账

作为成年人，我们也特别不喜欢别人翻旧账，更不用说孩子了。不要因为今天犯了某个错误，就把他过去犯的所有错误列出来去否定他。孩子虽小，但也有自尊心，不要反复强调他的错误。

02

千万不要体罚

在教育孩子的过程中，对孩子进行体罚是非常不可取的。体罚会让孩子觉得这个错误自己已经付出了代价，就不需要改正了。

高效亲子沟通的秘密

第4节

和说谎的孩子过招，看穿不说穿

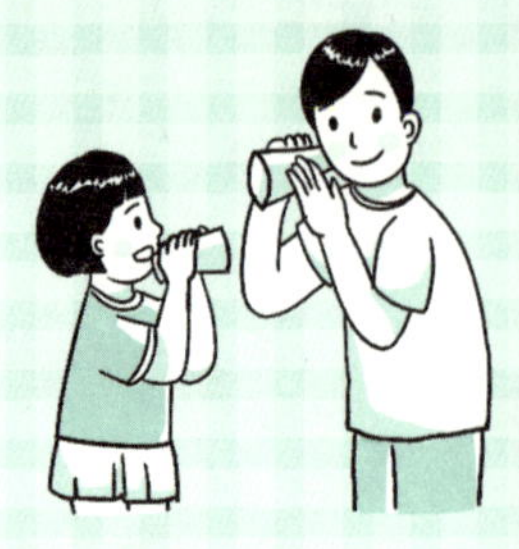

- 不要第一时间斥责
- 分清幻想和现实
- 给孩子安全感

“说谎不是好孩子，知道吗？”一个妈妈蹲着对自己的孩子说。这句耳熟的话，可算是孩子成长路上的“老相识”。对于成年人来说，说谎是很严重的事，是非常令人痛恨的行为。因此，当孩子说谎时，父母也会觉得这是不可接受的一件事，可能会想：孩子这么小就开始撒谎，那以后怎么办？长大后会不会变得品格恶劣甚至危害社会？

然而，孩子撒谎是他们成长中的一部分。

多伦多大学有一位神经学科学家，过去一直研究孩子是怎么学会说谎的。他的研究表明，孩子撒谎是很正常的事情，很多孩子都会撒谎，他的研究也显示：

2岁孩子
占30%
会撒谎

3岁孩子
占50%
会撒谎

大于4岁的孩子
绝大部分
会撒谎

孩子趁大人没注意，从冰箱拿了一块巧克力放到嘴里。

吃巧克力了吗？

没有，我没吃！

那嘴边的残渣是什么？（妈妈一边帮他擦，一边笑着问道。）

嘿嘿，没吃，就没吃！

在孩子小时候，父母应该都会遇到这样的场景，这种睁眼说瞎话的行为让大人们真是又急又气。一般来说，孩子也知道自己在说谎，他只是觉得好玩。

孩子撒谎并不代表他不诚实，也并不能说明他有人格缺陷。

>>> 小课堂

学龄前的孩子之所以会撒谎，是因为他们并没有明确的道德观、是非观。在他们的认知里，让自己舒服、让大家高兴就是正确的，而大一些的孩子，才会为了逃避惩罚而有意识地说谎。

处理孩子的说谎问题，父母要采取适合的处理办法，不要只是责骂。对孩子为什么说谎，他有哪些动因，是否存在隐患，需要仔细观察分析。

幼儿分不清想象与现实

幼儿对于时间、空间、数量等概念非常模糊，会混淆想象和现实，他们不是故意说谎话。幼儿根本意识不到他们说了谎话，他们会以为自己说的是真的。

NO 场景

不管父母如何暴跳如雷，这并不算是谎言，因为孩子会按自己的意愿去幻想，然后用幻想来代替现实。

听了孩子的话，爸爸问道：

你很喜欢这个玩具，你希望自己也有一个，是吗？

对于幼小的孩子，父母这样说可以帮助孩子分清幻想和现实。随着孩子年龄的增长，就会慢慢分清楚幻想和现实的区别，也不会因此而说谎了。

孩子犯了错误害怕被责怪

NO 场景

孩子在家里玩的时候，不小心打碎了花瓶。

是谁打碎的花瓶？

猫咪撞倒的，花瓶自己掉下来了。

瞎说，就是你，居然学会了说谎，看我怎么收拾你！

打碎了花瓶，孩子知道“我闯祸了”。他预感到父母一定会生气、会惩罚他。孩子的本能让他为了逃避责罚而选择撒谎。父母又因为孩子不诚实的回复气得火冒三丈，一场亲子冲突就不可避免了。

>>> 小课堂

父母想让孩子诚实面对自己的错误、不再说谎，但前提是要让孩子感到安全，让他知道即使做错了事情，爸爸妈妈也会心平气和地和他对话，可以帮助或陪伴他解决问题。这样，孩子才会愿意说出真话。

如果父母已经确认是孩子犯的错误，那就不要绕弯子盘问，否则只会让孩子越来越习惯扯谎圆谎。

YES 场景

错误也是学习的机会，当孩子了解到父母也会犯错时，内心会舒坦很多。在父母的帮助和支持下，孩子也能学习如何承担责任和解决问题。当内心感到安全时，孩子就不会说谎了。

孩子为了获得别人的认同和关注而去说谎

NO 场景

妈妈，我的手破了，你喂我吃饭。

哪儿破了？我在照顾妹妹，你自己快点吃。

手破了，让妹妹自己吃。

没破啊！（看看阳阳小手，妈妈再次强调说。）儿子，拿勺子自己吃啊！

阳阳撇撇小嘴，放声哭起来……

在二胎家庭或是缺少亲子陪伴的家庭，孩子可能会通过说谎获得大人关注或讨大人欢心，也有可能会装病来达到目的。

YES 场景

手破了，妈妈喂我。

光顾着妹妹，忽略了大宝宝。对不起。（妈妈抱起阳阳，笑着说。）要不要贴创可贴？阳阳宝宝，吃饭啦！

（旁边的妹妹哭了，阳阳自告奋勇地说。）
我来喂妹妹，我是哥哥。

妈妈欣慰地笑了……

>>> 小课堂

如果父母发现孩子为了获得关注开始撒谎的时候，不要直接戳穿他，接下来多给孩子一些关怀和陪伴。当孩子感觉到自己被爱的时候，这种说谎行为自然就消失了。

孩子遇到问题不知如何解决

NO 场景

妈，我写完作业了。

你给我看看之前的作业，老师说你好几天都没写作业！怎么回事？

这种情况通常发生在入学后的一些孩子身上，在面对这种谎言的时候，父母要做的不是费尽心思去证明孩子错了，而是要教孩子如何做才能解决问题。

YES 场景

当发现孩子撒谎时，父母不要第一时间发脾气斥责孩子，要冷静下来分析一下孩子说谎的原因，看看是孩子年龄原因造成的，还是为了逃避惩罚或为了获得关注造成的。有时是孩子的原因，有时也可能是大人的原因。

在生活中，父母也要做好榜样，不要承诺一些做不到的事情。父母需要根据孩子说谎的实际情况，选择合适的处理方法，这样不仅能帮孩子调整行为，取得进步，也能让孩子感受到父母的关爱。

Tips

01 父母未兑现的事要坦诚解释

▶ 父母不要训斥孩子胡搅蛮缠，向孩子说谎又想耍赖的行为要不得，要耐心解释，否则孩子会更加伤心难过。

02 父母做错事要承认并承担后果

▶ 父母只有以身作则，才能教会孩子有担当。

高效亲子沟通的秘密

第 5 节

和急脾气的孩子沟通，先做到心平气和

- 避免正面冲突
- 分析生气原因
- 慎用惩罚

养育一个急脾气的孩子对很多父母来说都是一个巨大的挑战。父母经常会被孩子弄得焦头烂额，一件事情没有立刻满足孩子，结果孩子就大哭大闹；排队时，孩子也完全没有耐心、急躁不已，父母只是跟他说了一句“等一下”，结果孩子的脾气立刻原地爆发，情绪崩溃。

父母要明白，有些孩子天生就是急脾气

心理学家托马斯和切斯夫妇曾经对100多个孩子进行了长达30年的追踪研究，提出了著名的气质类型学说。他们认为每个孩子都有着独特的气质，气质是天生的。父母要理解孩子的行为，就需要考虑孩子天生的气质。

如果孩子本身就性子急，我们很难将孩子改造成一个慢性子的孩子，但是我们依然可以通过一些沟通技巧跟急脾气孩子对话，让孩子学会更好地控制自己的情绪，变得更有耐心。

有的孩子天生就是急匆匆的，完全坐不住、静不下来；有的孩子天生是稳稳当当的，坐得住、有耐心。这是孩子天生气质的差异，没有好坏之分。

父母需要知道自家孩子脾气急的原因

孩子脾气急和后天环境、语言沟通受阻、教养方式强化、突发事件唤起等因素有关。在跟急脾气的孩子相处的时候，父母的目标不是改造他，而是和他一起面对自己独特的气质，带着他学会应对自己“急脾气”的方法。

下面这几个方法可以帮助父母更好地跟急脾气的孩子沟通。

1 要避免正面冲突，认可孩子的情绪

父母要给孩子一点冷静的时间。很多事情成年人觉得没什么大不了的，但是在孩子的眼里那都是大事。大人可以发呆、聊天等十几二十分钟，但是对于还没完全理解时间概念的孩子来说，这段时间简直像是天荒地老。

NO 场景

怎么这么慢啊，菜怎么还不上来啊？

急什么急，有点耐心不行吗？

要不咱们别在这里吃了，走吧！

▶▶▶

早知道这样，就不带你出来了。

在急脾气的孩子情绪已经崩溃的时候，训斥他“你的脾气怎么这么急”这类的话是没有积极作用的，孩子只会越来越崩溃。

YES 场景

怎么这么慢啊，菜怎么还不上来啊？

是有点慢啊。我们的菜还没有上来，你有些着急，有些无聊，是吗？

我们叫服务员姐姐帮忙找一支笔，一张纸。我们一边画画一边等餐吧。

急脾气的孩子坐不住，无法长时间等待，有时大吵大闹弄得大人十分尴尬。这个时候骂孩子解决不了任何问题，越跟急脾气的孩子正面对峙，情况就越容易迅速恶化，很可能事与愿违。

>>> 小课堂

父母可以先认可孩子的情绪。在孩子冷静之后，在他感觉到父母对自己情绪的接纳后，孩子就更愿意跟父母继续沟通去解决问题。

2 孩子冷静后，和他一起分析生气的原因

有些父母可能觉得只要孩子平静了就没事了。事实上，即使孩子恢复了平静，问题依然存在，如果不解决的话，问题就会重复出现。

NO 场景

放学回来，小美跟妈妈说：

妈妈，我们语文老师真讨厌啊！

小美，不能说讨厌老师。

就是讨厌！我不喜欢她。

我问问老师去。

接受急脾气的孩子的性格特征，在发生问题时认可孩子的情绪，让孩子合理安全地释放情绪。如果父母立即否定孩子的情绪，认为不应该如此，就会引发新的亲子冲突。

YES 场景

父母可以带着孩子一起寻找问题的根源，找到解决方法。通过练习，急脾气的孩子也可以越来越好地控制自己的情绪。

3 慎用惩罚

过于严厉的惩罚不会起到好的作用，它只能使急脾气的孩子更加沮丧，挫败感加重，积压越来越多的不良情绪。所以激烈的惩罚手段最好不要使用。

父母要多用正面激励的语言，不要总是给孩子贴标签、下定义。如果总是说孩子急，孩子反而会越来越着急。

YES 场景

小阳的笔坏了，希望爸爸现在帮他买一支，可是爸爸在忙。

不跟我去就算了，我自己走！

笔坏了，着急是吧？忙完这个，爸爸带你一起去买。

我的都坏了，画不好画，太难用了。

妈妈刚刚还夸你，不那么急躁了。小的画笔也是可以用的，丢弃很可惜，我们要节约才对。

听了爸爸的话，小阳淤积的坏情绪消散了。他知道自己进步了，也会更有信心去努力调节自己的学习和生活。

4 陪孩子做他感兴趣的事

在日常生活中，父母可以找一些需要点耐心、孩子又感兴趣的事情，既可以增进亲子关系，又能让孩子感受到坚持的乐趣。

YES 场景

爸爸知道孩子喜欢运动，于是一有时间就带他去跑步。

儿子，这几天跑得很不错。

我居然连续跑了两圈。

每天坚持，一定会更好。

明天再连续跑两圈。

父母高效率地陪伴孩子，会让亲子关系更加亲密，沟通起来也会事半功倍。与孩子一起笑啊、闹啊、玩啊……在开心和友好的环境中解决问题。

比如孩子性子急但是对画画又感兴趣，父母就可以多陪伴他画画，在孩子画画的时候多给予正面激励；喜欢运动的父母也可以带着孩子每天坚持锻炼，不是为了参加什么国际比赛，而是通过日复一日的坚持，让孩子获得持续的精神力量。

跟性子急的孩子沟通时，一定不要随便惩罚他，要认可他的情绪，帮助他合理发泄，在孩子平静之后和他一起寻找解决问题的方法。

随着孩子处理问题经验的增加，他会慢慢学会控制好自己的情绪，理解等待和耐心的意义。

我的从容养育

在亲子沟通中，夫妻如何打好配合战？

育儿从来都不只是妈妈的事情，父母都应该在育儿一线，共同参与到孩子的成长中。不管战斗在育儿一线的主力是妈妈还是爸爸，另一方都万万不能当“甩手掌柜”。在孩子遇到问题、需要沟通的时候，父母一起跟孩子沟通，也能给孩子带来不一样的视角和成长。

需要注意的是，在家庭教育中，当父母都参与进来时，双方常常会因为教育理念而发生冲突。如果在跟孩子沟通时你一句我一句，你唱红脸我唱白脸，聊着聊着就争起来了，孩子也会非常困惑，沟通效果会大打折扣。

在不少家庭中，夫妻都是类似上面的配合方式：一个人严格，一个人慈祥；一个人负责管教，一个人负责安慰；一个人搭台，一个人拆台。这种方式很流行，但并不利于家庭亲子沟通，有时孩子还会利用父母之间的争执达到自己的目的。

划重点

如果父母在一些原则问题上无法达成一致，孩子就容易混淆是非观念，搞不清楚规矩。孩子会认为父母中的一个人站在自己这边，另一个人是自己的敌人。久而久之，被当成敌人的父母一方容易心生不满，造成家庭矛盾升级。

在亲子沟通的时候，父母需要组成一个团队，而不是变成敌对双方，可以提前商量好如何配合，减少沟通时的摩擦，获得 1+1 ＞ 2 的效果。下面，我们来分享几个父母在亲子沟通中如何配合的小贴士。

第一 父母双方在理念上达成一致，再跟孩子沟通

一方给孩子立了规矩，需要提前跟另一方沟通来共同执行。如果谁不小心打破了规矩，父母应单独聊一下，再一起跟孩子沟通。这样就提高了沟通效率，让孩子知道规矩是需要遵守的，他也会继续信任父母，不会因此讨厌或痛恨其中一方。

第二 确定主要沟通者，实施部分项目责任制

父母需要提前讨论一下谁适合做主要沟通者，并不一定是妈妈，也不一定非要是工作清闲的一方。更有耐心、更有学习和沟通意愿的一方，其实更适合作为主要沟通者。如果爸爸工作很忙，但是特别有意愿跟孩子沟通的话，那爸爸作为主要沟通者也是一个非常好的选择。同时，也得考虑到两人的特长。

一般孩子进入小学之后会是家庭冲突的一个小高峰，那么在开始小学生活之前，爸爸妈妈可以先开个小会。以前，妈妈陪伴孩子时间比较长，在生活上比较熟悉孩子的习惯，因此可以由妈妈继续作为孩子的主要沟通者。不过，当遇到妈妈不擅长的问题时，那么就由爸爸来沟通，爸爸可能可以更快地找到孩子的问题所在，及时调整改进。

第三 在对方遇到问题时要互相支持

亲子沟通的过程不会总是一帆风顺的，就算父母再有意愿跟孩子沟通，也可能会遇到情绪不好的时刻。

建立良好的亲子沟通渠道不是件容易的事情。做得好，亲子关系会变得更融洽，也会帮助孩子变得更自信、更积极、更可靠。

亲子沟通需要夫妻协同配合。在跟孩子沟通之前，夫妻双方可以先沟通好，在理念上达成一致后再沟通，可以事半功倍，获得更好的沟通效果。

划重点！

良好的亲子关系是从良好的夫妻关系开始的，孩子通过观察父母之间的沟通方式学习如何跟其他人相处。如果夫妻关系融洽亲密，遇到意见不一致的时候，也愿意坐下来心平气和地商量解决，那么孩子在跟其他人相处的时候，也会学到这样的处理方法。如果夫妻双方每天在互相拆台，那么孩子在跟其他人相处时也不会尊重别人。

Chapter 2

读懂孩子情绪，把话说到孩子心里去

小测试

>>> The Test

测一测孩子的情绪是否稳定

你的孩子属于情绪多变的人群，还是属于情绪比较稳定的人群？可通过下面的小测试，更好地了解孩子。

>>> 评分标准

以下各题，答案为“会”记**1分**，答案为“不会”记**0分**。将各题得分相加，算出总分。

- □ 1. 经常因为不顺心的小事生闷气、不说话，甚至大发雷霆。
- □ 2. 经常会莫名其妙地发脾气，且不肯说出理由。
- □ 3. 会因为别人弄坏了他的东西而迁怒于其他无辜的人。
- □ 4. 无节制地吃零食，导致在该吃正餐的时候不肯好好吃饭。
- □ 5. 和小朋友在一起玩耍时会经常生气、吵架。
- □ 6. 每次和小朋友吵架后，会说：“下次再也不和你一起玩了！”
- □ 7. 不开心的时候，喜欢动手打人或者咬人。
- □ 8. 被错怪或被误解的时候容易情绪激动，甚至做出一些过激的行为。
- □ 9. 会不分时间、场合地乱发脾气，比如在朋友家或者在商场里。
- □ 10. 得不到满足时会发脾气，不达目的不罢休。

小测试

>>> The Test

- [ ] 11. 没有完成父母或老师交代的任务时，会感到很羞愧。
- [ ] 12. 情绪很容易受到周围人的影响，比如别的小朋友激动，他也会跟着一起激动，哪怕事情与他无关。
- [ ] 13. 独处的时候会觉得手足无措，不知道该做什么。
- [ ] 14. 生气的时候会语无伦次、大哭大闹，甚至昏厥。
- [ ] 15. 家庭氛围是和谐、宽容的。
- [ ] 16. 家庭氛围是对孩子比较苛求、严格的。
- [ ] 17. 经常对他身边的人大呼小叫、颐指气使。
- [ ] 18. 你和你的爱人会容易暴怒，无法控制自己的脾气。

测试结果与分析

总分 0 ~ 6 分	孩子情绪稳定程度很高，不容易偏激，通常情况下能很好地控制自身情绪。
总分 7 ~ 12 分	孩子比较脆弱，容易受到伤害，情绪容易产生起伏、波动，但是他的自我评价比较积极，并能在大人的帮助下及时调节情绪。
总分 13 ~ 18 分	孩子情绪极不稳定，爱发脾气，甚至无理取闹。如果情绪无法得到宣泄，还有可能伤害自己、伤害他人。

接受孩子的情绪

第1节

不如意就发脾气，4步快速搞定

- 静一静，父母先忍
- 问一问，了解情况
- 抱一抱，多与孩子共情
- 换位思考，矫正不良行为

有些孩子脾气一点就着，随时会爆发。逛超市，看到想要的东西，不给买，立马大哭大闹；画没画好，就要性子把画笔扔了；看电视超过了规定时间，给他关掉，他竟然发起脾气。遇到这样的孩子时，建议父母试试“情绪管理四步法”。

1 静一静，父母先忍

父母的理性是孩子情绪健康的基石。很多时候，孩子情绪并没有那么大，但父母往往控制不住自己的情绪，这样就很容易乱了方寸，被情绪所驱使，双方相互“开火”，最后是双输的局面。

NO 场景

我要吃雪糕。

雪糕太凉了，吃了容易拉肚子，不能吃。

▶▶▶

我就要吃，就要吃。

你越闹，越不让你吃。

孩子委屈到了极点，开始撒泼打滚。

夏天如何吃雪糕，父母要和孩子一起制订规则，而不能看父母的心情。如果还没有制订规则，那就要根据当时的情况来定。父母要蹲下身子，和颜悦色地和孩子商量。当然，并不是制订好规则就大功告成了，执行规则也需要父母运用智慧和耐心。

一旦孩子发脾气，有些父母会觉得自己的权威受到了挑战，于是无视孩子的情绪，压制孩子的需求。双方僵持的结果，常常是父母获胜，但孩子的不良情绪像弹簧一样被压缩，下一次会更激烈地爆发出来，形成恶性循环。可以说，孩子稍不如意就发脾气的这个习性是经常和父母斗争的结果。

2 抱一抱，多与孩子共情

很多父母都听说过共情，要理解孩子，接纳孩子的情绪。具体怎么做呢？

NO 场景

牛牛奔跑时摔倒了，破了点皮，哭了起来。

宝宝受伤了，肯定很疼，真希望受伤的是妈妈。
（妈妈心疼地说。牛牛哭得更厉害了。）

宝宝真是受委屈了，妈妈抱抱。

本来没多大点事，一会儿就不疼了，可是由于妈妈的过度关注，孩子越发哭得厉害了。这位妈妈这么做不是共情，而是同情和怜悯。

YES 场景

所谓共情，就是要察觉到孩子情绪产生的原因，肯定孩子的感受，抱一抱孩子，让孩子知道，他的情绪是可以被接纳的，从而为后面的正确引导做好铺垫。

父母要注意的是，不要过度关注，把共情变成同情，那样反而不好收场了。

3 问一问，了解情况

孩子闹情绪或者哭喊时，我们可以问问孩子因为什么事情而哭闹，是难过、伤心，还是委屈，这其实是教孩子认识各种情绪。

NO 场景

妈妈，我想要这把长枪，你给我买。

你看这枪，塑料都裂开了，三天就坏了，换个坦克吧！

阳阳抱着玩具枪不撒手，死活不同意。

换坦克，就带你吃麦当劳；否则，枪也不买，麦当劳也没有。（阳阳放声大哭，怎么也哄不好，妈妈只好买了。）

孩子在公共场合哭闹的现象并不少见。有些父母见孩子不听话，会连哄带骗、连吓带打，但往往事与愿违，孩子哭闹得更凶了。

YES 场景

怎么切成四块
呀？哇哇哇。
妈妈知道你生气了，
是不是因为叔叔没
有把饼切成两块？
你觉得叔叔不听
你的意见，所以
生气了，是吗？
对不起，
小朋友！
叔叔可能
没听清。

妈妈抱抱孩子共情以后，并没有跟孩子讲道理：切两块和切四块，饼还是一样的。妈妈直接问他，是不是因为别人没有尊重他的意见所以生气，通过问孩子找到答案。上一个案例中，阳阳妈妈也应该直接问孩子，为什么要那把枪。

4 换位思考，矫正不良行为

说到矫正孩子的不良行为，很多父母都会采用“说教”的方式，但效果不佳，因为孩子对语言的理解还不深刻。通过角色扮演的方法，让孩子学会站在他人的角度体验自己行为带来的伤害，这样孩子慢慢就学会正确处理问题的方法，而不再乱发脾气了。

>>> 小课堂

想要快速搞定发脾气的“熊孩子”，父母先要冷静，通过抱一抱、问一问、换位思考等来与孩子共情，了解孩子需求，矫正孩子的不良行为。

帮助孩子舒缓情绪

第 2 节

帮助孩子做情绪的小主人

- 及时询问原因
- 制订规则，规范行为
- 扮演游戏，寓教于乐
- 在实践中锻炼

人有喜怒哀乐，孩子情绪化是正常现象。

拿破仑说：

“能控制好自己情绪的人，比能拿下一座城池的将军更伟大。”

父母要帮助孩子舒缓自己的情绪，感知自己的内心，并且学会用适宜的方式表达自己的感受，从而真正成为情绪的小主人，而不会为情绪所左右。父母要注意孩子的情绪，及时询问原因，要制订行为规则，并通过游戏教会孩子，在实践中指导孩子。

及时询问原因

“宝贝，我看到你很生气的样子。告诉我谁惹你生气了？”父母看到孩子脸上流露出来的情绪时，要及时询问孩子。

孩子对情绪的认识不多，也没有足够和适当的文字描述情绪，父母通过询问，帮助孩子把那种说不清楚的不舒适感觉转换成具体的情绪类别，帮助孩子去捕捉内心的感受。

YES 场景

放学路上，小明对妈妈说：

妈妈，我讨厌果果。

为什么呢，他惹你了吗？

他说我弄坏了他的玩具。

你觉得果果冤枉你了，很生气，是吗？

孩子的世界常常是黑白分明的，喜欢用对错来评判。当父母发现孩子有情绪的时候，可以询问他的心情和想法。“原来是这些使你不开心啊，告诉妈妈你心里是什么感觉。”“哦，怪不得你这样反应呢！现在你很生气、很失望，是吗？”如果孩子急于说出事情谁对谁错，并想具体说出是怎么回事时，父母可以用语言把孩子带回到情绪部分。

孩子想努力说出自己的情绪时，父母不要打断他，要鼓励他继续说下去。孩子需要一些时间去表达他的感受。当孩子能说出自己的感受，情绪慢慢平复下来后，父母再继续引导他说出事情的细节，这时候孩子对细节的描述就不那么情绪化了。父母的示范是孩子最好的教材。当父母有情绪时，不管是正面情绪还是负面情绪，都要表达出来。父母只有学会更好地表达自己的情绪，孩子才能跟着学。

制订规则，规范行为

规则是孩子健康成长的保护线。父母要带孩子一起制订一些规则，从而约束他的不当行为。

NO 场景

小明一边说，一边往爸爸身上吐口水。

不买就是不行，坏爸爸。

臭小子，谁吐的？

不喜欢你。（小明一边捶爸爸，一边哭着说，还随手把旁边的水杯扔了。）

反了你！（爸爸气得直跺脚。）

以上行为必须禁止，否则孩子将一直无法正确处理自己的情绪，长大以后容易和周围人弄僵。

在培养孩子的规则感时，一定要提前给孩子说明，要遵守什么样的规则，并且要取得孩子的认同，跟孩子达成一致，这样才有实施下去的可能。

父母可以带孩子一起制订如下行为规则：

讲究卫生；

诚实守信，答应他人的事要做到，不说谎，不骗人；

同学之间互相尊重、团结互助、理解宽容、真诚相待，不以大欺小、不欺侮同学；

不弄虚作假；

知错就改；

遇到问题协商解决，不争吵，不发脾气，自己解决不了时，可向大人求助。

有了行为规则，孩子平时就能对照着去做，遇到问题就不会着急发脾气，而是胸有成竹地应对，从而成为情绪的小主人。

扮演游戏，寓教于乐

行为规则仅仅贴在墙上是没有用的，只有落实到行动上才能真正起作用。父母可以通过游戏的方式，陪孩子来练习这些行为规则，让孩子熟练掌握。

扮演游戏，寓教于乐，同时可以使亲子关系融洽。

最难的是练习“不要有嫉妒心”。因为导致孩子嫉妒的因素可能很长时间都难以改变，只能通过增强孩子的心理承受能力来解决。

在实践中锻炼

每天接孩子回家后，父母都要和孩子聊一聊：今天有什么开心和不开心的事情，不开心的事情是怎么处理的。听一听孩子的想法、做法和要求。

孩子处理得好，父母要好好夸一下孩子，拥抱他，鼓励他类似的行为。即便孩子处理得不够好，父母也要安慰和鼓励孩子，并提供合理的建议，告诉孩子下次可以试试这么做，也许效果会更好一些。

身教重于言教。父母平时要注意自己的言行，以身作则，为孩子树立榜样。孩子一定会模仿父母的行为，即便父母没花多少精力。孩子行为有缺失，父母要在自身找找原因。

帮助孩子舒缓情绪

第3节

小宠物死了，这样安抚悲伤的孩子

- 不压抑孩子的悲伤
- 送小宠物最后一程
- 进行生命教育

心理学家做过实验：

当6个月大的宝宝开始哭闹时，妈妈故意不回应，让人悄悄往婴儿床放了一只小奶狗，很快宝宝就停止了哭闹，伸手摸小奶狗毛茸茸的小身躯，“咯咯”笑了起来。

孩子天性是和小动物亲近的。当孩子养的小动物死了，他会非常伤心难过。回想起那些快乐的时光，瞬间哭起来。

悲伤是人类的一种正常的情绪反应。孩子的心里不是只有快乐，也同样有悲伤与痛苦。父母应该尊重孩子的情感，重视孩子的情绪，安抚好孩子。

不要压抑孩子的悲伤

父母要认真对待孩子的伤心情绪，接纳他的难过情绪，在他的身边陪伴他就好了。抱抱孩子，静静地陪伴几分钟，孩子的伤心和恐惧会慢慢减弱。

NO 场景

小狗死了就死了吧，再给你买一条一模一样的。（爸爸劝说着。）

不要，不要。

一条小狗而已，别哭了，好吧？

呜呜呜…… 小明哭得更伤心了。

爸爸给你买好吃的，好不好？

不要，不吃！（小明捂着脸哭。）

>>> 小课堂

父母不要在孩子伤心的时候，想办法去“劝解”他。父母认为小狗都是一样的，但在孩子眼里永远不一样，那条死去的小狗是独一无二的，曾经的快乐时光也是独一无二的。孩子甚至会因为父母的不理解而愤怒。

YES 场景

Tips

01 不要试图转移孩子的注意力

让孩子通过这事理解悲伤、理解快乐、理解生命的脆弱，当孩子走出悲伤以后，他会更懂得珍惜。如果换环境转移孩子注意力，那这难得的一课，孩子就不会学到。

02 不要借机对孩子进行死亡教育

“有生必有死，这是自然规律”……父母不要就“死亡”这个话题做过多的延展。孩子可以用他的方式来宣泄自己的情绪。

送小宠物最后一程

和孩子商量，让孩子准备一些小卡片、小玩具等，选个不错的地方作为小宠物的“新家”，比如郊外的荒山上。为了环保起见，不要靠近水源地。

YES 场景

孩子跟爸爸、妈妈一起挖土。

这是小狗的新住所。

谢谢它陪我们度过快乐的时光。

放几根骨头，小狗会很开心的。还有我送的小卡片。

我回去要画一张小狗的画。

这只小宠物是幸福的、完整的，它得到主人家的善待。相信善良的种子已悄悄在孩子心里发芽。

积极对孩子进行生命教育

当孩子情绪平静以后，父母可以通过小宠物死亡这件事，对孩子进行生命教育。启发孩子思考生命的价值，把孩子的悲伤情绪转化为上进的动力。

YES 场景

人的一生，如果能活得幸福，并让周围的人因为他而感到幸福，甚至能做出一番事业，那么他的生命就非常有价值，非常有意义。

帮助孩子舒缓情绪

第 4 节

孩子爱哭、脆弱，引导孩子慢慢变坚强

- 鼓励孩子说出问题
- 少一点负面评价
- 不放弃原则
- 鼓励孩子慢慢来

有的孩子从小“哭点”特别低，犯了错误，老师还没批评就哭了。常常因为一点小事就哭，孩子明显很脆弱，父母该怎么帮助孩子变得坚强呢？

父母要乐观、自信、坚强

爱哭的孩子更敏感，父母的焦虑、紧张等情绪会影响到孩子，因此父母要放轻松，管理好自己的情绪，不要指责孩子。温和而幽默地跟孩子沟通也是父母必须学习的一课。

同样的事情，悲观者和乐观者的看法完全不同。乐观者在意积极因素；悲观者特别在意消极因素，很多争取一下就能成功的事情，他们也常常放弃掉，然后抱怨老天爷不公。

小课堂

父母是孩子最好的老师，孩子最爱模仿父母了。如果父母经常唉声叹气，充满负面情绪，那么孩子也不可能乐观自信，很容易变成一个忧郁爱哭的人；如果父母很乐观很阳光，开朗爱笑，孩子也会成为“小开心果”。

鼓励孩子把遇到的问题说出来

孩子哭的时候，父母要鼓励孩子把问题说出来并安抚孩子。孩子说出问题后，父母要帮孩子一起解决，否则下次他就更不愿意说了。父母要根据事实来处理，并告诉孩子为什么这么处理。

YES 场景

当孩子有正向情绪时，父母要及时肯定孩子的努力。比如回家后，孩子表达的声音变大了，就可以夸奖孩子："越来越棒了，现在表达越来越流畅了，声音也很大，妈妈真为你骄傲！"

少一点负面评价，多一点鼓励支持

孩子容易哭，可能他有委屈感，内心比较脆弱。这可能和先天的气质有关系，更可能是后天形成的。孩子挨批评太多，经常被负面评价，那么他的自我认同感就会特别低。这样的孩子特别容易有挫败感，遇到一点微不足道的事就想哭。

NO 场景

“快点吃，你怎么吃得这么慢？”
“为什么还不按时上床睡觉呀？”
“怎么不好好刷牙呀？”
“要迟到了，快点吧，能不磨蹭吗？”

父母最好不说冷言冷语、批评指责的话，即便工作不顺心时孩子又来烦你，也要克制。孩子做什么都得到批评，都是负面评价，他怎么能高兴得起来呢？当然就只有伤心地哭了。父母一定要下决心改掉爱批评的毛病，学会多鼓励、表扬孩子。

YES 场景

“宝贝吃饭比以前快了，进步真大。”
“宝贝今天按时睡觉了，真不错。”
“宝贝今天主动刷牙了，真棒！”
“今天争取比小朋友早到，怎么样？”

多一点鼓励，少一点指责，孩子可以做得更好。孩子虽小，也有很强的荣誉感，一个真诚的微笑，一句真切的赞叹，都会给孩子很大的鼓舞。

不要因为孩子哭泣就放弃之前坚持的原则

有些孩子爱哭，是通过哭向父母要东西，这种情况父母要特别注意。父母要判断孩子的需求是否正当。

NO 场景

“爸爸，我想要一个遥控汽车，别人都有。”

“妈妈，我的运动鞋不好看，我想要带蓝边的。”

“我也想要一部手机。”

日常用品，父母不用给孩子买特别贵的，舒服、耐用就可以。孩子想要手机，那父母就要注意了。手机并不是正当需求，孩子要手机，最大的原因是想不受约束地玩游戏。父母不应该随便答应孩子，即便孩子哭闹也不行。等孩子哭完了，父母再向他解释，买不买看需求，哭闹是没有用的。

>>> 小课堂

孩子不同阶段有不同的需求，有的合理，有的不着边际。父母要仔细辨别，既不打压孩子，也不过分攀比。

鼓励孩子慢慢来，一点点增强自信

对于缺乏自信或性格脆弱经常哭泣的孩子，父母要多给予他鼓励，不要让孩子养成凡事都找别人帮忙的习惯；还要让他多与其他孩子接触，学习怎样与他人相处。

孩子缺乏自信心，做事慢时，父母性子不能太急，要给孩子充裕的时间，让孩子慢慢来，更不宜把自家孩子和其他孩子进行比较。

YES 场景

爸爸，你看我刚画的。

这次画的线条很漂亮，宝贝一努力，进步特别大。

我还能画得更好呢，一笔就画好。

好啊，加油，宝贝。

父母不断鼓励，孩子就不再害怕，自信心慢慢增强，更愿意去尝试，慢慢就形成良性循环。能力都是锻炼出来的。

面对脆弱爱哭的孩子，父母要乐观自信，鼓励孩子说出来。平时少一点批评，但原则问题要坚持，鼓励孩子慢慢来。

纠正吼叫行为，做情绪稳定的父母

“孩子一点也不让人省心。”相信很多父母对这句话深有体会。做作业磨磨蹭蹭，不承认错误，爱哭闹，看见玩具、零食就要买……一点都不听话。父母还有一堆事情等着自己处理，于是忍不住情绪爆发，吼孩子一顿，事后又后悔不已。

其实有时候父母吼孩子，是在重复为一件事情抓狂，包括大人之间的沟通。那么如何纠正吼叫行为，做情绪稳定的父母呢？

第一 父母要学会理解孩子

孩子看世界的角度和大人是不同的，父母不能站在自己的角度看待孩子的行为，而要以孩子的视角来看问题。当孩子不听话时，父母要先试着去理解孩子。

第二 通过培养习惯来贯彻对孩子的要求

有的父母没那么多耐心，跟孩子说一遍不听，再说第二遍、第三遍，直接挑战情绪底线。父母常常认为跟孩子把话说清楚，孩子就能理解和执行。当孩子没按要求去做时，父母就会生气地吼孩子。

可能孩子没那么强的理解力，也可能他本身对这件事情并不感兴趣。父母因此对孩子发脾气，非常没道理。

父母是孩子的指路明灯，要求孩子做到的，父母首先要做到。比如讲究卫生、讲礼貌、整理房间、好好吃饭等，如果父母希望孩子做到，那就把这些要求当作习惯来培养孩子。

第三 通过制订行为规范来约束孩子的行为

父母不希望孩子做的事，要制订行为规范来约束孩子的行为。

要爱护家里的物品，不能破坏；要和小伙伴友好相处，不能打骂；要按作息时间生活，不能熬夜……父母可以带孩子一起制订行为规范，并把规范贴到墙上，每天对照检查一下。

第四 面对突发情况，父母要先忍，再问情况

孩子出现突发情况，一定是有原因的，父母不要不分青红皂白，上来就大吼大叫，孩子可能会很委屈。父母需要克制自己的情绪，多点耐心。

划重点

孩子的心声，需要被父母听见。可能需要吼叫的不是父母，而是孩子；但小孩子不会，他只能接受，只能哭，只能把委屈咽下，藏在肚子里。父母需要代入孩子的角色去听孩子的心声。

第五 比起妈妈爱孩子，孩子更爱妈妈

有一个视频采访：妈妈和孩子互相给对方打分。对这个话题，妈妈们一下打开话匣子，讨论的都是与孩子们相处的各种体会。

几位妈妈不约而同数落起孩子，妈妈们打的分数是 7 分、5 分、8 分，就是没有满分 10 分。

轮到孩子们给妈妈打分。孩子们对妈妈也有话说，但话里不是抱怨，而是满满的童真和爱，让人又温暖又感动。

孩子们打的分数更是让人吃惊。他们想都不想，立刻脱口而出：给妈妈打 10 分，有的甚至给妈妈打 1 万分……

听到孩子们的评价，

妈妈们不由留下了泪水。“很惭愧。”有妈妈说。比起那么小又那么爱妈妈的孩子，父母真的不能多一点爱心和耐心，不吼他们吗？

划重点

戒吼，做情绪稳定的父母，充分理解孩子。通过培养习惯来贯彻要求，通过制订行为规范来约束孩子的行为。遇到突发情况，父母先忍，然后问原因。比起爱孩子，孩子更爱我们，父母别吼孩子了。

Chapter 3

正面沟通，提升孩子抗挫力

小测试

>>> The Test

孩子是否有抗挫力?

抗挫力也被称为“复原力”“抗逆力”“心理韧性”等，通常是指一个人面临困难或处于逆境时成功应对并适应良好的能力。

最近几年，我们也常常看到一些新闻事件，孩子因为压力太大而做出极端行为，这让我们不得不关注孩子抗挫力发展的情况。下面就来分享一个给孩子的抗挫力测试，帮父母更好地了解孩子。

>>> 评分标准

以下题目，根据与自身情况的匹配度，非常符合记 **1 分**，比较符合记 **2 分**，不太肯定记 **3 分**，不太符合记 **4 分**，完全不符合记 **5 分**。

记下每道题的得分。

01 若把考试卷拿到一个安静、无人的房间去做，我的成绩可能会好一些。 □

02 我在正式考试或测验时所取得的成绩比平时要好得多。 □

03 尽管我已经把演讲稿记得很牢，可是在演讲的时候却总会出些差错。 □

04 如果有必要，我可以通宵达旦地学习。 □

05 夏天时，我比别人更怕热，冬天时，比别人更怕冷。 □

小测试

>>> The Test

06 即使在混乱嘈杂的环境里，我仍能集中精力高效率地学习。 □

07 体检时，医生都说我心跳过速，其实我的脉搏很正常。 □

08 课堂上发言时，我比别人更镇定、更自然。 □

09 当家里来客人时，我常常想方设法躲避他们。 □

10 外出时，我很快能适应当地的生活习俗。 □

11 遇到重大比赛时，场面越热烈，我的成绩越差。 □

12 讨论问题时，我能流利地表达自己的看法。 □

13 很多事情我更愿一个人做而不愿多人合作。 □

14 考虑到大家要和平共处，有时我常不能坚定自己的立场或意见。 □

15 在公众面前或面对陌生人时，我常常有心跳加快的感觉。 □

16 我能注意到应该注意到的细节，不管当时的情况多么紧迫。 □

17 与别人辩论时，我常常觉得自己没话说，但事后却能发觉自己有很多理由能反驳对方。 □

18 我正式考试的成绩比平时的要好。 □

小测试

>>> The Test

19 每到一个新的地方，我往往会出现失眠、心烦、吃不好、拉肚子等情况。 ☐

20 夜间走路，我能比别人看得更清楚。 ☐

测试结果与分析

总分	结果
81 ~ 100 分	心理适应能力**很强**。
61 ~ 80 分	心理适应能力**较强**。
41 ~ 60 分	心理适应能力**一般**。
21 ~ 40 分	心理适应能力**较差**。
0 ~ 20 分	心理适应能力**很差**。

给不试错、不认错的孩子支招

第 1 节

自尊心强、不敢犯错，鼓励孩子勇于试错

- 紧张很正常
- 不追求完美
- 试错是宝贵经历
- 要鼓励、不指责

自尊心·是指：

尊重自己，维护自己的人格尊严，不容许别人侮辱和歧视的心理状态。当孩子的自尊心太强时，对于一些伤及自尊的情况，其表现出的行为就会比较失常。

从本质上来说，孩子和成人的自尊心的性质是一样的，只是孩子的情绪相对没有成人稳定。面对自尊心过强、不敢犯错的孩子，父母可以从哪几方面入手来帮助他们呢？

父母要告诉孩子，上台紧张是正常的

很多著名演员在舞台上表演自信满满，可是当年刚登台的时候，他们也是非常紧张的；老师们刚登讲台时，也有类似的经历——在台下准备了很多遍，一上台还是紧张得不行，不停给自己打气，一堂课上完了，都不记得讲了什么内容。

NO 场景

妈妈，我准备好演讲稿了。（放学后，明明对妈妈说道。）轮到我，我却不敢上去演讲。

所以你没演讲，是吗？妈妈对你太失望了。

我做不好，别人该笑话我了。

孩子因为害怕做不好而选择不做，认为不做就不会犯错、不会被笑话，这就属于自尊心强、不敢犯错的类型。

YES 场景

明天的演讲，我有点担心。

这是多好的一个机会啊，你不要想太多。只要你上台了，就已经成功了，不必在意结果。

妈妈，我成功啦！老师、同学都夸我呢。（放学路上，明明开心地对妈妈说。）

妈妈为你骄傲，下次会更好的。（妈妈边说边摸了摸明明的头。）

孩子经验少，上台会紧张，这一点也不奇怪。父母要劝导孩子不要为此有任何心理负担。

一定要告诉孩子，不要追求完美

一个处处追求完美的孩子很容易陷入害怕出错的心态，总觉得“一旦出错，我就不完美了”。长期保持这种心态的孩子，看起来自尊心很强，其实就是陷入不能试错的情绪里，久久走不出来。

NO 场景

你的演讲稿不错，期待你的最优表现。

我觉得举例不够好，结尾也不突出。

可以再考虑一下，明早确定下来。

我怕讲不好，我想写得更好。

我们希望孩子长大后能发挥天赋，成为一个有成就的人，但这个目标不是靠成为一个完美主义者就能达到的。

YES 场景

你的演讲稿不错，期待你的表现。

爸爸，我有点担心，别人可能不喜欢。

不一定要所有人满意，表达出自己的观点就可以。不用担心，去迎接属于你的挑战。

爸爸，我的演讲获得了第一名。

完美主义者容易没有抗挫力、害怕逆境、缺少从困境中复原的灵活性，挑战的到来容易把他们击垮。

追求完美是我们做事的目标，但完美并没有绝对的定义，只要足够努力、用心，就是完美。追求完美，不是畏首畏尾，不是瞻前顾后，不是害怕出错，不是不敢尝试。

一定要告诉孩子，试错是人生的宝贵经历

敢于试错，比某次成功更有价值。几乎所有的科研项目，尤其是创新类的项目，比如新材料的研发、新产品的试制等，都需要大量试错。

就拿手机的电池来说，从早期又大又笨重的镍氢电池，到现在的锂电池，无数科研人员试错了千千万万次，靠每次一点点的进步，才走到今天。

YES 场景

妈妈，你剪吧，我剪不好。

没问题的，你之前剪得很好，剪坏了也没关系。

看，我剪好小兔子了。

哎呀，真不错呀，比妈妈剪得好多了。

让孩子勇于试错，是帮助他们成长的最好方法之一。只有孩子勇于试错，他的抗挫力才强，他才会觉得人生原来如此精彩。

当孩子犯错了，父母要鼓励，不要指责

父母看来很简单的事，对于孩子来说，也许不简单，也搞不明白。心急又没耐心的父母可能就会张口“笨蛋”，闭口指责了。

NO 场景

孩子听到这样的话，不论内心多么强大，都会非常难受。再遇到困难时，一想到父母的责骂，孩子就发怵，不敢再次尝试。

YES 场景

孩子都很聪明，一听就明白，父母这是在鼓励自己，他就会更严格地要求自己，请父母帮忙分析这次的不足，以便下次避免，这样他就能做得更好。

>>> 小课堂

自尊心强、不敢犯错的孩子很多。父母首先要理解：孩子也有自尊心；其次，父母要鼓励孩子面对困难、挑战时，不要退缩，不要怕犯错。当孩子说："妈妈，我一点也不怕，我想再尝试一下好吗？"父母要为孩子的勇敢行为点赞！

给不试错、不认错的孩子支招

第 2 节

不敢承认错误，教会孩子积极解决问题

- 要以身作则
- 不把犯错严重化
- 不制订太多规则
- 要承担责任

有的孩子犯了错误，坚决不承认，他会找各种理由，或者闭口不谈。在某种程度上，这是抗挫力差的表现。但父母不能简单指责孩子这种行为。很多成年人犯了错，其第一选择往往也是逃避，更何况心理不够成熟的孩子。所以，请先理解孩子。

要想让孩子的内心变强大，抗挫力更强，即便犯错误，也能勇于面对并积极解决问题，以下四种方法值得尝试。

父母要以身作则

当孩子犯错后，父母的处理方法非常重要，正确引导能帮助孩子树立正确的价值观；反之，则可能让孩子在错误的道路上越走越远。

例如，有个孩子和妈妈一起出去旅行。妈妈让他把自己的护照带好。结果到了机场的时候才发现他完全忘了这件事。

NO 场景

这不是我的问题，出门的时候，你又没再次提醒我。

你自己的护照，应该自己想着带。

忘记带护照这件事，是孩子犯的一个错误。妈妈的纠结点在于孩子不肯承认，妈妈没有反思，自己平时是否给孩子做出了榜样。如果妈妈一直在孩子面前树立的是高大的形象，从来不犯错，那么孩子也就不敢犯错，出了错也不会想抵赖。

YES 场景

这周的家庭总结会，我先说说。昨天忘了提醒儿子带护照。

这周开车太快，两次违章。

周二上课睡着了，老师批评我了。

看来我们都有错误，下周尽量避免犯错，再接再厉。

经常这样做，孩子就会明白，犯错是很常见的行为，没什么大不了的，错了只要承认并改正就好。

不要把犯错搞得很严重

有些父母特别胆小怕事，出一点小事就紧张得不得了，似乎天要塌下来，这很不利于培养孩子的抗挫力。父母要注意调整自己。

前面忘记带护照的孩子，他本人的关注点在于绝对不能承认是自己忘记了，因为如果承认，那就变成自己的责任了。

孩子害怕承认错误，很大程度上是知道犯错不对，怕受到别人的谴责。这很可能是因为父母对犯错特别看重结果。一有错误就揪住不放，使劲批评。

孩子还小，犯错是难免的。他一出错，就担心受到惩罚，于是百般抵赖，问题根源还在父母。

YES 场景

妈妈，我不对，忘了带护照。

不要自责，每个人都有做得不好的地方，咱们都要长记性。

我怕你说我，冲我发火。是我做得不好。

（妈妈抱抱儿子说道。）是妈妈不好，妈妈一定注意。

出错也是生活的一部分，父母要有平常心，不要总是批评，总结比批评更有价值。父母这么做，孩子就不怕认错了。

不要给孩子制订太多规则和限制

制订规则即可，具体怎么做，让孩子去尝试；规则不宜过多，因为孩子理解能力有限，如果不按照规则做就是错的，那么孩子就不敢越雷池半步，他的积极性和主动性就会受到压制，不利于孩子将来的发展。

YES 场景

丽丽，花瓶怎么坏了？是你弄的吗？

它自己坏了，自己掉地上了。不是我。

东西要放好，两只手一起握好。即使是你弄的，妈妈也不会责怪你。

妈妈，我踮脚时没放稳，花瓶就掉了。

父母是孩子最亲密的人，如果孩子犯错了，连父母都不能说，还有谁值得说呢？要相信孩子，让他放手去试，错了父母兜底。这样还有什么错，孩子不敢承认呢？

告诉孩子，要承担责任

这点要跟孩子说清楚，出错不可怕，谁都会出错，父母也经常出错，错了就改，但不能甩锅。父母也要经常做自我批评，帮助孩子树立正确的价值观。

发现孩子甩锅

要有惩罚措施，第一次要警告孩子，第二次要扣除当月的奖励，比如，不能出去野餐、不能买玩具等。

一直甩锅的孩子

慢慢就会养成习惯，走上社会以后，别人可不愿意跟这样的人合作，这会让孩子难以交到朋友，更难以做成大事。

YES 场景

爸爸，你在屋里吸烟了吗？

对不起，女儿。

吸烟对身体不好，我都知道。爸爸，你做错了事，罚做一周家务吧！

女儿说得对，我接受处罚。

看到爸爸的做法，相信丽丽在面临错误时，也会大方地承认错误，积极、主动思考如何改进，而不会逃避责任。相应地，孩子的抗挫力一定会大大增强。

>>> 小课堂

父母要做出示范，做错了要承认并承担责任。如果父母做不到，在孩子眼里从来不出错，错了也找理由，那么，怎么能期望孩子去认错并承担责任呢？

第3节 遇到困难只会找大人，帮助孩子摆脱依赖

- 不包办孩子的一切
- 要给孩子时间
- 给孩子提问题
- 孩子自己解决

如何让孩子摆脱依赖？

父母首先要注意改变自己的教育方式。当孩子遇到困难时，父母先让孩子自己想办法，要让孩子逐渐意识到自己是有能力解决困难的，找父母并不是唯一的办法。

孩子的内心变强大的同时，抗挫力也增强了，遇到困难更多的是想办法，而不是躲起来。以下几点是父母要特别注意的。

1 不要包办孩子的一切，放手让他做力所能及的事

孩子一遇到困难首先想到的就是找大人，这个问题恐怕不只是孩子自己的问题。这类孩子往往很不自信，不认为自己通过努力也能解决问题。

孩子从两岁起，就可以在父母的帮助下，逐渐学会自己吃饭、穿衣、睡觉、收拾玩具等基本的生活技能。

豆豆特别黏妈妈，每天妈妈都能听见豆豆喊。

在这个过程中，孩子从不会做到逐渐学会做，从做得不像样到像模像样。父母应多给孩子创造锻炼的机会，放手让孩子去做。

2 父母要给孩子自由支配的时间

在安全的前提下，父母可以给孩子一点时间自己安排。具体到 5 分钟，一刻钟，半小时……这段时间是属于孩子自己的。

不少父母以为，孩子还小，不懂得安排自己的时间。但如果父母完全包办了孩子的时间安排，孩子只是去执行，那么孩子的自主性就很难培养了。

YES 场景

阳阳，你自己玩一会儿，妈妈去做饭。

妈妈，看我的小房子。

哇，还是两层的！你再玩一会儿，我去阳台挂衣服。

妈妈，你看！三层的小房子。

孩子 3 岁以后，父母可以让孩子自由支配一小段时间。随着孩子慢慢长大，这个时间段可以不断加长，孩子可以自己安排做他愿意做的事。对于大一些的孩子，父母可以事先让孩子说一说他是怎么安排的，少给建议，多倾听。

3 父母给孩子提问题，鼓励他自己找答案

父母问，引导孩子回答。这样一问一答，既有助于改善亲子关系，又有助于培养孩子独立思考的能力。

孩子提出问题时，父母如何应对？

很多父母习惯的做法是立刻告诉他答案。这样看起来简单又省事。但这样习惯接受答案的孩子长大以后，思考问题的能力会比较弱，总希望别人能提供现成答案。

父母一定要保护孩子的好奇心，对待他所提出的问题，父母应启发他自己动脑筋去想，去寻求答案。

父母给孩子讲故事的时候，可以设计开放式的结尾，让孩子去设计故事的走向和结果……通过多种途径，充分利用孩子的好奇心让孩子参与，培养孩子独立思考的能力。

主动给孩子制造一些困难，让他自己去解决

在孩子解决困难的过程中，父母的作用就是鼓励和要求孩子克服困难，并对孩子做出的努力给予充分肯定。

NO 场景

对依赖性较强的孩子，父母如何做？

父母要坚持让他自己做。父母可以说：“你先想想有什么办法。”千万不要立即心软而妥协，否则前功尽弃。同时，还要让他学会求助技能，这个求助技能可不是求助父母，而是通过锻炼让孩子发现原来有很多求助的渠道。

YES 场景

在外面迷路，找不到家，怎么办呢？

找老师，给妈妈打电话。

还有别的办法吗？

找警察叔叔，打110。

家里突然停电、停水了，请孩子给物业打电话求助；外出就餐时，请孩子向服务员要餐巾纸、打包盒……父母可借此帮助孩子学会求助，知道应当求助于哪些部门，用什么方法求助。对于孩子独立做的事，只要付出了努力，无论结果怎样，父母都要给予认可和赞许，使孩子产生信心。

5 当孩子们发生冲突，让他们自己去解决

孩子们玩耍时发生冲突是很正常的，当孩子与同伴争论起来时，你是否会急于参与其中，为不愉快的他们解决问题呢？

小明和好朋友阳阳在花园里踢球，两位妈妈开心地聊着天。忽然小明和阳阳你推我、我推你，打起来了。小明妈妈立马冲过去抱住小明。

NO 场景

阳阳，你怎么推小明？

（阳阳吓坏了，撇撇嘴，说道。）他说我不是他的好朋友。

（小明妈妈问小明。）小明，阳阳不是你的好朋友吗？

小明摇摇头

嗨，你过来看看阳阳，他们俩闹别扭了。（小明妈妈招呼阳阳妈妈过来。）

父母千万不要这样做。冲突是孩子成长的必经历程，孩子在一次次的冲突中，揣摩和练习着“人际关系”的规则与技巧。一般来说，孩子们的冲突都不会太大，父母不应该套用成人世界的经验去看待和处理。

在安全的情况下，父母可以放手让孩子自己处理。最好的做法是父母躲在一边，暗暗观察就可以了。一旦发现孩子之间有可能造成人身伤害，父母就要马上介入，及时制止。

YES 场景

在操场上，小明和阳阳你推我，我推你。足球滚向一旁。

就在这看着，先别去。（阳阳妈妈对小明妈妈说。）

你踢我，就不是我的好朋友。

对不起，我不是故意的。接着踢球吧。

两个孩子又高兴地踢球去了。

>>> 小课堂

父母的责任，只是在于提醒他们协商时注意各自的行为，在他们互不相让时，引导他们拿出最好的解决办法，不至于出现不可控的局面。让孩子们自己通过协商来解决问题，这是最好的办法。

破解依赖、闹矛盾等社交问题

第 4 节 有效沟通让孩子的友情更稳固

- 为孩子创造交往机会
- 鼓励孩子积极主动
- 通过商量解决矛盾
- 要善于交朋友

我们活在世上，都需要朋友，孩子也不例外。当孩子和小伙伴玩得好的时候，父母想让孩子回家吃饭都难；但是一旦他们吵架，难免怒目相向，恶语相加，抗挫力差的孩子内心受不了小伙伴的言语，就可能会马上宣布要绝交。对于一些孩子来说，交朋友可能是一种障碍。人际交往，是需要抗挫力的。有效沟通让孩子的友情更稳固。父母可以帮助孩子认识到交朋友的重要性，认识到交朋友的过程中出现吵架是很正常的。具体来说，分为以下几个方面。

父母要为孩子创造尽可能多的交往机会

涵涵是一个不善于沟通的孩子。全家 4 个老年人宠一个孩子，全家人都让着他。爷爷在看电视时，涵涵想看动画片，二话不说就抢过遥控器。妈妈有时会邀请小朋友来家里玩，涵涵一旦和小朋友发生争执，就会生气地撵小朋友走，说以后再也不

NO 场景

要跟他一起玩了。

父母不能由着孩子这样，否则他以后真没有朋友了。走上社会后如果没有朋友，不仅孤单，而且生活、工作中会遇到很多麻烦。

如果孩子缺少与家庭之外的其他人交往的机会，久而久之，再活泼的孩子也会变得胆小起来。多个朋友多条路，朋友各有所长，你欠缺的，可能正是别人所擅长的，相互帮忙，大家都会生活得更轻松更幸福。

>>> 小课堂

父母可以经常带孩子参加一些聚会，增加孩子接触其他小朋友的机会，更简单可行的方法是定期请小朋友到家里做客。

YES 场景

小明，想和伙伴们玩什么游戏？

一起开“汽车”。（小明想了一下说。）我开“消防车”。

三个小伙伴在小明家开心地玩开车的游戏。

来，孩子们吃点苹果吧。

让孩子成为聚会的主人，让他来招待小伙伴，在自己熟悉的环境，孩子是很容易克服胆怯的。也可以鼓励孩子参加一些小型表演，并与孩子提前练习，使孩子增强自信。父母可以提前准备一些茶果点心和小礼物等，使聚会的气氛更热闹。

通过分享食物、送礼物和一起玩玩具等行为，增加孩子与其他小伙伴接触的机会。在与人分享的过程中，孩子就能逐步克服害羞，掌握更多技巧，培养与人交往的自信。

鼓励孩子积极主动

积极主动是一种态度，也是一种可以培养的习惯。生活中处处是机会，利用好了，孩子交往的主动性就能很好地培养起来。如有礼貌地向人主动问好；每次坐车，让他主动跟家人聊天，父母可以先示范，聊聊天气、同学、学校发生的趣事等。

带孩子去公园，给孩子布置个小任务：今天需要跟几个人打招呼，说几句话；出门旅游时，让他跟遇到的人聊几句……当这种行为成为一种习惯后，孩子就会主动交朋友了。

通过商量解决矛盾

孩子在交往中难免会遇到一些问题与矛盾，父母要帮助他通过商量的办法去解决。

对于低龄儿童来说，冲突往往是围绕争夺玩具展开的。父母一般不需要过多干预。由于对玩具控制权的争夺，会对双方有一定的约束性，孩子能学习注意别人的需求与情感反应，以不断调整自己的行为。如果孩子攻击性太强，父母可以出面稍加干预，让孩子知道自己东西被抢走的感觉，并且加强礼貌教育。

2 岁的牛牛和亮亮在院子里玩，牛牛看到亮亮的玩具警车，直接跑到跟前想拿走，亮亮不给。牛牛抢过玩具警车就跑，亮亮哭了。

牛牛试图从亮亮手里拿走玩具警车，亮亮不给。牛牛爸爸建议牛牛用玩具卡车交换。亮亮非常高兴地同意了。

对于大一点的孩子，冲突往往是围绕破坏纪律展开的。当小伙伴一起玩滑梯、球类的时候，要避免孩子独占性太强或不遵守纪律，并使孩子逐步学会遵守秩序、耐心等待、谦让、互助等更复杂的积极交往行为，要让孩子尽早明白：这样做才会有更多的好朋友。

父母也要善于交朋友

孩子对人际关系的感受，最早是从与照顾他的人之间的链接开始的，通常是妈妈和爸爸等。如果父母自身性格比较内向或冷淡，一定要多多突破和完善自己，不仅要给孩子足够的热情和关爱，更重要的是，父母也要扩大自身的交际圈子。

当父母的朋友变多时，孩子也会发现朋友多挺好的。父母可以先从亲朋好友开始，邀请他们来家里做客，谈天说地；邀请关系要好的同事一起聚聚。

父母多给孩子创造交友机会，鼓励孩子积极主动，遇到矛盾通过商量来解决，父母要做善于交友的好榜样。

小课堂

孩子经常和朋友相处，经验就会多起来，孩子们之间的友谊就不会因为一点矛盾被轻易击碎。孩子的抗挫力得到锻炼，内心逐渐变得强大，拥有有效沟通的能力就不会成问题了。

我的从容养育

因材施教，给孩子不一样的抗挫力方案

孩子抗挫力的养成离不开家庭养育系统的支持。家庭养育中，父母的管教方式主要有专制型、放任型、散漫型、权威型四种。其中，前三种家庭管教方式不利于孩子抗挫力的养成。

我们要努力做权威型管教方式的父母，既有自己的养育原则，对孩子也有明确的要求——事先定好一个基调，设置合理的规则，期待孩子的良好表现，支持孩子做决定，必要时给予孩子温暖和支持。这种管教方式有利于孩子抗挫力的养成。

划重点

专制型父母：在家中就像独裁者，什么事情都是“照我说的做，不要问为什么”；放任型父母：会溺爱、纵容孩子，孩子要什么给什么，不给孩子设定底线；散漫型父母：一般不管孩子，只是订立一些规则，出现问题时往往比较极端地处理，前后标准不一致。

下面具体介绍四种有效的家庭养育支持系统。

第一 用积极的策略提高孩子的自主性

想要减少孩子的消极行为，就要给他更积极的鼓励。抓住孩子的闪光点，要对他做的或说的小事，及时给予表扬和表达欣赏，而不是忽视。

要真正关心、关注孩子，有针对性地肯定孩子，不是仅仅用一些“你太棒了”的话来敷衍，一定要让孩子知道父母为什么说自己棒。

增强孩子的自主性。父母可以多安排孩子做一些事情，比如自己做一次饭、自己收拾一次郊游的行李，等等。

第二 调节管教的尺度，让孩子学习掌控感

随着孩子的成长，父母一方面鼓励孩子探索，一方面又不敢放手。究竟怎样做才能让孩子走得远，也能躲避危险呢？

父母可以跟孩子好好谈谈。前提是确保孩子能得到更大的自由和权利，同时要确保安全并承担相应的责任。

父母可以跟孩子订立不同种类的协议，以此规范孩子的行为。孩子的需求是否得到满足，取决于他是否能对自己的行为负责。

第三 延迟满足感的建立

学会耐心等待是培养孩子抗挫力的关键。作为父母，我们一定要努力克服内心想马上帮助孩子、满足孩子的冲动。

孩子能接受这一点，说明孩子的延迟满足感已经建立。“稍等”“过会儿”，这看似是一点时间，但对孩子来说也是一种肯定，一种激励。相信孩子可以学会等待，对孩子抗挫力的增强有一定帮助。

第四 主动让路，让孩子在试错中不断锻炼抗挫力

日常生活中的琐事常常会激发两代人之间的矛盾，但也是培养互相依赖的良机。儿童时期自主意识的萌发、青春期的叛逆，都是在“我能行，我要独立”与“还不行，再等等”中较劲。

孩子强烈要求自己来，父母的掌控权迟迟不愿放下，还要以此“要挟”孩子“不跟你玩了”，这样的做法万万不可取。

这些试错的过程能让孩子学会如何振作、恢复，在人生道路上继续前进。父母一定要给予孩子充分的试错机会。不管孩子在这个过程中会犯多少错误，只要没有危险，都是试错的最好机会。

Chapter 4

建立有效沟通，快速提升孩子学习力

小测试

>>> The Test

测试孩子的学习积极性

下面就来分享一个针对孩子学习力的测试，帮助父母更好地了解孩子。请孩子选择符合的选项。

>>> **评分标准**

以下各题，选“A”记**1分**，选“B”记**0分**。将各题得分相加，算出总分。

1. 上课老师提问时，喜欢听同学回答问题和老师的总结。

   □ **A.** 是　　□ **B.** 否

2. 作业中遇上难题时，喜欢自己动脑思考去解决。

   □ **A.** 是　　□ **B.** 否

3. 做功课和接待朋友这两件事，更喜欢后者。

   □ **A.** 是　　□ **B.** 否

4. 假期里也会每天学习，从不赶作业。

   □ **A.** 是　　□ **B.** 否

小测试

>>> The Test

5. 觉得学习是一件苦差事。

□ **A.** 是　　□ **B.** 否

6. 喜欢和别人讨论学习中的问题。

□ **A.** 是　　□ **B.** 否

7. 听课时从不走神，总是尽量领会老师讲的内容和讲课的意图。

□ **A.** 是　　□ **B.** 否

8. 不在乎学习成绩好不好。

□ **A.** 是　　□ **B.** 否

9. 不感兴趣的课程，就不愿花很多精力去学。

□ **A.** 是　　□ **B.** 否

10. 即使是特别想看的电视节目，在没做完功课前也不看。

□ **A.** 是　　□ **B.** 否

11. 老师留的选做题太难了，一般都不做。

□ **A.** 是　　□ **B.** 否

小测试

>>> The Test

12. 就是想多学点知识，考不考试无关紧要。

□ **A.** 是　　□ **B.** 否

13. 喜欢解答能从教材中找到答案的问题。

□ **A.** 是　　□ **B.** 否

14. 喜欢习题的多种解法。

□ **A.** 是　　□ **B.** 否

15. 在学习时，周围有点噪音就学不下去了。

□ **A.** 是　　□ **B.** 否

16. 偶尔一次考不好，不气馁，自我激励总会赶上去的。

□ **A.** 是　　□ **B.** 否

17. 会自我琢磨：现在学习的东西，将来用不上，不是白学了吗？

□ **A.** 是　　□ **B.** 否

18. 有问题时非弄个水落石出不可。

□ **A.** 是　　□ **B.** 否

19. 不喜欢看课外参考书。

□ **A.** 是　　□ **B.** 否

小测试

>>> The Test

20. 每次考试后，能及时分析自己的试卷，找到知识盲点。

☐ **A.** 是　　☐ **B.** 否

测试结果与分析

总分 **16 ~ 20 分**	学习积极性非常高，具有浓厚的学习热情，不用别人督促就会主动地学习。学习对于你来说是很自然的事情，在学习中能专心一致，遇到困难时有顽强的自制力和坚强的毅力。但是有时也会对学习过度紧张，应适当放松自己，做到张弛有度。
总分 **11 ~ 15 分**	学习积极性比较高，乐意学习，对学习有一种主动追求的心理状态。希望通过学习能使自己获得发展，学习也会让你很有成就感，但是过于关注内心。你要明白，学习积极性是受一定的环境、氛围的影响与制约的，因此如果能将内心的感觉与外界环境统一起来，你的学习将获得更大的进步。

小测试

>>> The Test

总分
5 ~ 10 分

学习积极性一般，对学习有一定的热情，但是主动性不够，经常需要老师或者父母的督促才会来到书桌旁。在学习过程中的注意力比较分散，常常因为其他的事情影响学习。给你的建议是将自己的目标明确化和具体化，制订合理的学习计划，主动地去学习自己未知领域的知识，你的学习积极性一定会有很大的提高。

总分
5 分以下

学习积极性不太高，似乎一点也不喜欢学习，学习对于你来说是一件苦恼的事情。你可能对学习有一些不够正确的认识，或存在一定程度上的困扰。你也可能会对自己的学习积极性差而要不断学习感到失望和难过，因为自己与别人不同而感到自卑。你不要着急，可以根据自己的状况确定自己的目标，跟父母、老师沟通，让他们也一起来帮助你。

第 1 节

学习毫无计划，这样做让孩子变得有条理

- 培养良好习惯
- 一次做一件事
- 有规矩、有条理
- 管理时间

脑科学研究显示：

6～7 岁是培养孩子“条理性”的关键期，这个阶段的孩子对秩序很敏感，对细节敏感，对手的动作也很敏感。这种秩序感就是条理性的基础，在秩序感的基础上培养孩子有条理的学习习惯，效果会特别好。

有条理的孩子可以迅速地完成作业，有更多时间自在地玩耍。如果能在幼升小这个阶段奠定凡事都有条理的好习惯，可以让孩子变得更加自信、乐观、主动，相信会让孩子终身受益。那么，如何教会孩子有条理呢？

从培养良好的生活和学习习惯开始

在学校和生活中培养孩子的条理性，将有条理变成一种习惯。比如说读书写字有条理、整理桌面有条理、收拾书包有条理、安排自己的作业有条理、安排课间时间有条理，等等。

有些父母可能会面临这样的尴尬：当你说孩子没有条理的时候，总有一些人跳出来和稀泥：“孩子还小，这很正常，等他长大一些就好了。”然而，事实并非如此。

上一年级的木木没有条理性，课本文具随手乱放，每天找东西的时间比学习的时间还要多，学习过程中也是思路凌乱。

妈妈走过来，告诉木木整理书包的方法。首先看看书包有几层，有多少口袋，然后把书本和作业按尺寸放到书包的固定口袋。

在学习方面，教会孩子审题的方法。比如，拿到一道题先看题目要求，再分析题目有什么特点，需要注意什么，然后进行解答，最后进行检查。如此反复、长久地训练，孩子的条理性一定会有所提高。

一次做一件事，完成后再去做下一件事

有条理地学习、做事，应该从一次做一件事开始，先做什么，再做什么，如何安排，这需要孩子学会计划。

YES 场景

小美，饭前的一小时打算做点什么？

我想先在院里玩一会儿，再写作业，然后弹钢琴。

一小时做不了这么多事，最多做两件事情。

（小美想想说道。）先写作业，再玩一会儿。

做事情不能三心二意，要专心，认真做好一件再做下一件。写作业时不能一会儿吃东西，一会儿看电视，要一心一意。

建立规矩是为了条理性的顺利养成

有些孩子会和父母商量："今天能不能晚睡半个小时？"通常做法是不可以，当然特殊时候没问题，父母要随机应变。如果经常讨价还价，那意味着孩子知道规矩是可以被打破的，以后孩子就会变得喜欢对抗。因此，家长应该在建立规矩以后，严格执行，才能让孩子的条理性顺利养成。

NO 场景

很多孩子对父母立规矩这件事很反感，总觉得父母管得太多。即便立好规矩，孩子还是想着打破。

其实给孩子立规矩非常重要，让他知道做事的边界，知道怎样做是有礼貌的，怎样做是不对的。

上小学之前，一定要帮助孩子养成规矩意识，比如早上几点起床、中午几点吃饭、晚上几点睡觉、看书写作业时不要东张西望，等等，为孩子养成好的学习习惯打下基础。

例如，吃饭的时候，阳阳把自己喜欢吃的菜全部摆在自己面前，背过身自己吃。

NO 场景

阳阳，这样没规矩。把菜放在桌上，大家一起吃。

你们吃得快，我还没吃就没了。

阳阳不可以一个人吃，不礼貌，没规矩。

培养孩子有条理地管理时间

前文孩子说饭前一小时有几件事要做，也想好了先做什么后做什么，但是这几件事情加起来是不是能在一个小时完成呢？正如妈妈说的：“一小时做不了这么多事。”这是因为孩子还不会有条理地管理时间。

小课堂

父母可以帮孩子计划一下完成每件事情所需的时间，并把它们列成表格。孩子就能清楚地看到这一个小时的条理性，就会胸有成竹地去做，而不是东一榔头、西一棒槌。

Tips

01 帮助孩子进行任务分解

确定好要做的事情后，可以把目标分解，通过思维导图的方式，把长期目标按阶段分解成几个短期目标，再分解成便于管理的小任务，并思考达到目标所需要的步骤。父母可以引导孩子做一个任务表，把要完成的事情逐一列好，每完成一个就在上面做个记号。这样孩子会非常有成就感，父母检查起来也比较方便。

02 培养条理性不能拔苗助长

父母要根据孩子的年龄特点来要求他。比如，一年级孩子的条理性一般不如四年级孩子。一年级孩子只要能做到作息规律，书本等东西用完后放回原来的地方，能说出放学后先做什么后做什么，以及完成每件事情需要的时间，就已经很有条理了。

“对症下药”，让孩子自主学习

第 2 节

厌学、逃学，巧妙化解孩子的学业压力

- 了解孩子
- 鼓励孩子
- 不放弃

孩子厌学不是一天造成的：

所有孩子刚上学的时候，都想学好，只不过智力发展有早晚，感兴趣的科目有不同，学习方法有高下，孩子的学习成绩才慢慢出现变化的。

有些成绩不好的孩子容易受到各种鄙视。如果成绩一直上不来，问题越积越多，孩子就会对学习彻底失去信心。厌学的孩子一旦受到外界诱惑，就容易发展为逃学。

对待厌学、逃学的孩子，父母如何巧妙化解孩子的学业压力？

爱孩子，去了解孩子

孩子厌学、逃学，通常既有父母的原因，又有孩子自身的原因。父母要多观察，和孩子交流，找到孩子厌学、逃学的原因。父母和老师共同努力，就可以帮助孩子进步。

父母过于忙碌，无暇兼顾孩子。孩子在缺乏关怀与督促下，功课渐渐荒废。父母的要求过高，令孩子产生莫大压力，从而对学习产生排斥。

例如，父母经常吵架，令孩子情绪紧张、不安，在家里得不到温暖和照顾，使得孩子一遇到外面的诱惑，就禁不住跑出去，从而导致厌学、逃学。

NO 场景

厌学、逃学是外在的表现，内在的可能是孩子在逃避一些问题。

有可能孩子在学校的生活不快乐，适应不了学校的环境和群体生活，自闭、内向，有社交恐惧症，受到同学歧视，不合群；有可能是受到老师的不公平对待，心灵受到伤害，不想再去学校；还有可能是功课跟不上、成绩不如人，或是对学习没有兴趣，也没有得到适当的辅导，成绩越来越差，于是以逃学来逃避。

YES 场景

丽丽，数学老师说你好几天没交作业了，是不是功课太难呀？

妈妈，我不想学数学，不喜欢。有的同学说我笨，笑话我。

丽丽，同学并不是恶意笑话你，你不要放在心上。妈妈陪你一起攻克难关，好不好？

经过妈妈一段时间的帮助，
丽丽的成绩有了很大进步，老师也在课堂上表扬了她。

最近丽丽进步很大，请同学们向她学习。

逃学的孩子心里并不好受，如果父母一味地批评、体罚孩子，只会让父母和孩子的关系越来越远。有的孩子得不到父母的理解和支持，失去了最后的依靠，可能会做出极端的行为。父母一定要做孩子的同盟军，先爱孩子，避免悲剧发生，再慢慢想办法解决问题。

2 鼓励孩子，永远支持他

父母养育孩子不容易，从孩子出生一路过关斩将。相信为人父母都是爱孩子的。作为孩子最亲密的人，不管孩子有怎样的表现，父母都要做孩子最忠实的靠山，要鼓励他向好，支持他进步。

NO 场景

例如，小刚上初一后，学习吃力，上课像听天书似的，老师留的作业根本不会做，因此干脆不做或抄袭别人的。老师天天批评都无济于事，就通知他的父母去学

校。当得知小刚的情况后，小刚爸爸就责骂他，甚至动用了体罚，小刚因此离家出走……

孩子出现问题，父母首先从自身找原因。养育孩子的路，其实也是父母和孩子一起成长的过程。

YES 场景

最近有什么需要爸爸帮忙的？

英语有点难，小作文总写不好。

英语作文要勤写，才会得心应手。从今天开始，爸爸每天辅导你，帮你攻克难关。

女儿肯定地点点头，进屋学习去了。

发现孩子做题有困难，父母要及时辅导孩子，而不能一心忙于工作，更不能批评孩子。如果自己辅导有困难，要和老师沟通，尽快帮孩子把成绩提升上来。因为学习通常是连续性的，一旦孩子某个知识点被卡住了，很可能会影响他下一步的学习。

有些父母发现孩子重新努力学习了，于是急功近利，恨不能孩子一下子考试名列前茅。这不现实，父母要多给孩子一些时间。

永远对孩子充满希望，不放弃

世上的路千万条，学习的终极目的是自身的成长与进步。有句话说，活到老学到老。对于义务教育阶段的孩子来说，父母要做的就是用心陪伴，点亮希望。

YES 场景

妈妈，我想踢球。

你们体育老师找过我，想推荐你进省队。

踢球这条路也是异常艰难的。你要做好吃苦受累的准备。另外，文化课也不能丢。

听了父母的话，小亮用力地点点头。

任何成功的路都是布满荆棘的。学习苦、训练苦……也正因为这些艰辛，才更能体会成功的不易。

小课堂

父母永远要对孩子充满希望，孩子将来也不只有读大学这一条路。只要孩子肯干，愿意坚持，可选的道路其实非常多。

“对症下药”，让孩子自主学习

第 3 节

做作业经常出错，粗心孩子知多少?

- 科学作息
- 锻炼思维
- 养成好的学习习惯
- 情绪健康
- 负荷勿过重

孩子容易粗心的主要原因：

身体因素、习惯因素、情绪因素等。

接下来，了解一下粗心的原因和具体的解决方法：

科学作息，避免睡眠不足、饮食不当

充足的睡眠和合理的饮食，可以保障孩子有足够的体力完成一天的学习。当大脑消耗了人体能量的 25% 左右，睡眠可以有效修复、恢复机体，清除大脑白天工作一整天累积的废物。

若孩子睡眠不足，他的大脑很难作出精准判断，可能会漏掉或混淆信息，甚至犯一些看似很简单的错误，更不可能高效学习。

如果孩子早餐没有吃，上到第三节课就饿了，即使他主观上很认真，也会心有余而力不足。

NO 场景

建议孩子每天至少睡9个小时，晚上9点左右上床睡觉，早上6点半左右起床是比较合适的。同时要合理饮食，孩子不仅要吃早餐，还要吃好早餐。

孩子要养成规律的生活作息，按时起床，按时睡觉。同时父母要给孩子准备好营养丰富的早餐，千万别因为时间不够，就让孩子不吃早餐或随便应付。

锻炼孩子的思维逻辑性、缜密性、条理性

一年级孩子的基本训练是听说读写。如果不想让孩子太粗心，父母要重视孩子思维逻辑性、缜密性与条理性的训练。比如字词掌握需要能听懂、能读出来、能说出意思并写出来。父母要帮助孩子把这四项能力锻炼得扎扎实实的。

对于一年级的孩子来说，他们的短时记忆还不稳定。在黑板上，孩子看到“3+4”，低头写在作业本上时可能就变成“7+8”，这种情况与孩子大脑神经发育还不够成熟有关，也与训练不够有关。

训练孩子的短时记忆能力，可以用小声读的方法来巩固记忆。在看绘本时，鼓励孩子小声地读给爸爸妈妈听。读完后，问问孩子记住了什么。

YES 场景

小明，这个故事，你小声读给妈妈听，好不好？

小明开始认真地读起了故事。

读得很好，这个故事是讲什么的呀？

讲的是一个卖火柴的小女孩的故事。她点着火柴取暖，还梦到了去世的奶奶。

▶▶▶

嗯，小明讲得不错。还有补充吗？

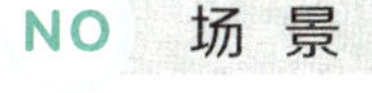

3 养成良好的学习习惯

这里所说的好习惯包括做事的条理性、检查的常规性和纠错的日常性。所谓条理性，就是做事情的先后顺序，孩子要理顺第一件事做什么，第二件事做什么。检查的常规性，就是孩子完成作业或考试题后一定要检查。检查纠错的日常性是指当孩子的作业出错时，要及时找到正确的，再对比一下细化区别。

NO 场景

例如，小平放学回家放下书包，开始看动画片。等爸爸妈妈回来了，她赶紧拿出本子和笔袋，刚写了两行字，又跑去吃饼干。结果妈妈叫吃饭时，她的数学作业还没做。

要趁早培养孩子自觉写作业的习惯。父母回家后先陪孩子坐下来看看功课是什么。在轻松的氛围下让孩子明白回家第一件事就是做功课。

比如说“人”和“入”两个字，父母可以和孩子一起来沟通这两个字的区别，请孩子仔细观察这两个字不一样的地方，并把正确的写在旁边。

小课堂

有些孩子做完题却忘记了检查，或者不会检查，所以父母要从幼小衔接的阶段教会孩子，养成习惯。

4 情绪健康，粗心不来找

智力活动需要安静的精神状态，情绪不稳定、消极情绪或者任何强烈的情绪都能干扰大脑的思考状态，干扰思维的逻辑性、缜密性和条理性。

例如，孩子写作业时，有的父母像严苛的老师一样站在孩子身边，稍微磨蹭就催，一看有错就大声训斥：“字没有写工整，丢了句号……”本来孩子就紧张，担心挨骂，这样一来情绪快崩溃了。

父母首先要消化自己的粗暴情绪，一定要就事论事，不要大声训斥孩子，不要以粗心为理由惩罚孩子。

YES 场景

妈妈帮助小红检查作业。

小红，这个括号少了半个。（妈妈指着作业本轻轻地说。）

妈妈，我改好了。

字写得再工整点就更好了，横平竖直。（妈妈一边说，一边比画着。）

看到孩子粗心时犯的错误，父母用温和的情绪来对待即可，不要过度情绪化地指责。

负荷过重，疲劳的孩子必然粗心

有些父母为了提高孩子的成绩，在孩子做完学校作业之后，还会给孩子布置很多课外的习题，这种“题海战术”让孩子筋疲力尽。原本简单的题目，此时对孩子来说变得非常复杂。在学习上，父母切勿让孩子搞“题海战术”，对孩子的学习状态和学习效果非常不利。

如果作业太多，大脑在疲劳的状态下，孩子疲于应付，粗心就是必然的了。父母要有意识，孩子的学习不能超负荷，不能拖时间。

NO 场景

两个小时了，小明还在写作业，除了语文、数学，还有英语。

这个只做了半道题呀，儿子。睡着了吧，这个字写得我都不认识了。

我想吃东西。

这个怎么是“猫鹰”呢，少字了。

一年级的孩子大脑专注时间大约是 20 分钟，父母及时提醒孩子进行休息，有助于减少粗心情况的发生。

>>> 小课堂

根据孩子的具体情况，有针对性地帮助孩子减少粗心情况的发生，父母还可以建议孩子使用错题集，将错题集中在一起，孩子学习效率会更高。相信随着年龄的增长和有的放矢的训练，孩子粗心的情况会越来越少。

第4节

做不出题就放弃，这样鼓励孩子迎难而上

- 接纳孩子情绪
- 磨炼孩子心性
- 适当辅导

常言道："书山有路勤为径，学海无涯苦作舟。"这"勤"和"苦"道出了读书的态度与方法。求学阶段的孩子，其实已在无形中感受到其中的"苦"。

遇到题目比较难、解题步骤比较复杂、汉字比较难写之类的困难时，孩子总想放弃，即便父母好言相劝，有的孩子也不想再去尝试。下面介绍几种鼓励孩子迎难而上的方法，供父母参考。

父母要理解孩子的压力，接纳孩子的情绪

例如，遇到不会做的题，小新常常气哼哼地把笔一摔，说："我不会，不做了！"妈妈反复鼓励，小新要么躲起来，要么大声抗议。第二天，老师给妈妈打电话："小新的作业又没有做，您得多看着呀！"妈妈听了内心非常焦虑。

在学习中遇到困难和挫折，孩子就想放弃。面对这种情况，父母首先要理解孩子，接纳他的情绪，然后鼓励孩子迎难而上。父母要通过帮孩子解决难题，来培养孩子的学习习惯，让孩子学会学习，什么难题就都不是问题了！

YES 场景

这道题你觉得很难，对吗？妈妈理解你为什么不想写。

孩子点点头。

（妈妈摸摸孩子说道。）我们先把这只“大老虎”放过去，好不好？咱们先做简单的。

我竟然有能力做出这么多题了。

要不我们一起再试试刚才那道难题？（孩子再一试，果然做出来了。）

在面对不会做的题目时，孩子的身体也会和大人一样，表现出压力的累积，甚至会出现头痛、胃痛或疲惫等症状，这些都是精神上的压力在身体上的反应。

父母要注意，千万不要责备孩子说：“这有什么难的！”这样会严重打击孩子的自信心，让他对自己的能力产生怀疑。孩子感到压力后，很自然会考虑逃避等消极对抗的方法。

父母要培养孩子迎难而上的精神

做不出题就放弃，这是孩子畏惧困难的表现。父母要给孩子制造些“困难”，放手让他去磨炼；孩子做不出来时，父母要帮助孩子完成，慢慢培养他独立自主、不怕困难的品格。

当孩子可以勇于面对困难和挑战，拥有不断自我超越、战胜自我的品质，他将学会自我完善，变得越来越优秀。这才是每一位父母所喜闻乐见的。

NO 场景

平日在家，宁宁衣来伸手，饭来张口，有什么事，找家人帮忙就行。宁宁从来不需要动脑筋，什么活也不用干，一家人把她照顾得像个“小公主”。

小课堂

如果父母继续这样抚养孩子，很可能会把孩子“养废”。父母可以带孩子制作一份“放手清单”，让孩子“自己的事情自己做”。给孩子机会去锻炼，去学习。

例如，妈妈在纸上写着：整理书包、打扫房间、洗自己的衣服、完成作业。

YES 场景

父母还要每天带孩子进行体育锻炼，以增强孩子的毅力和韧性，提升他的承受能力。当孩子每天坚持锻炼、战胜自己时，他的承受能力就会大大增强。

父母要适当辅导

孩子刚进小学时，可能还不太会听课，老师讲的每句话好像都很重要，他不一定能抓住老师讲课的要点。另外，孩子小，专注力时长较短，很难整堂课都全神贯注，很可能他听着听着就开小差了，结果没听懂。他也许并不知道自己没有听懂，回家一做题，发现不会做。

NO 场景

“妈妈，我不喜欢小学，我想回到幼儿园。”

幼儿园阶段上课没压力，刚上小学的孩子，心里既有对幼儿园的留恋和不舍，又有对新学内容的畏难情绪。一进小学，上课必须专心听讲，作业也多起来。老师对作业有要求，孩子玩耍的时间变少。

刚上小学的孩子不适应，有各种情绪反应，是很正常的。有些孩子需要长达1年左右的适应期。父母要理解和鼓励孩子，教会孩子如何听讲，培养孩子的学习习惯，慢慢孩子就适应了。

YES 场景

丽丽，给妈妈讲讲今天上课都学什么了？

语文老师教我们写汉字“中国”，英语学的是“问候”……

好的，咱们一起打开书本看看。（妈妈一边说，一边打开语文书给孩子念起来。）

是这样的，妈妈。

课后的习题都是专家们精心设计的，是为了巩固上课所学的知识，因此，孩子只要真正把课堂的内容弄明白了，把课后的题目做出来，也就水到渠成了。父母要适当辅导孩子，让孩子讲讲他当天所学的知识，并把孩子不会的知识点再讲一遍，这样孩子就能轻松搞定课后的习题了。

帮孩子重新找回兴趣与自信

第 5 节

一遇考试就慌，如何才能不害怕考试？

- 降低期望
- 不增加焦虑
- 感受考试
- 有效复习
- 对事不对人

低年龄段的孩子还没有考试的概念，更不要说考试的过程怎样。

孩子之所以会慌，除了父母给予的压力之外，还有孩子的自我期望值太高。因为心智不够成熟，孩子有可能对自己提出过高的目标。于是，孩子常常心有余而力不足，一次受挫，两次受挫，累积多了，就有可能形成压力，害怕考试。

孩子一遇考试就慌，那么如何才能不害怕考试呢？

孩子的好情绪比好分数更重要

NO 场景

父母对孩子期望值太高，给孩子定的目标太高，孩子考得好就奖励，考得不好或未达到预期就惩罚。孩子还没有考试，就想到结果，自然害怕考试。

例如，孩子上了小学之后，很多父母容易“唯分数论”。喜欢问孩子考了多少分，班上排第几名，有时候孩子明明觉得自己的成绩在中上水平，结果父母却说：“你怎么没考第一名啊？”

孩子害怕考试也受环境影响。如果老师或者整个班级氛围是“唯分数论”，那么在考试到来时，孩子就会变得慌张。

小课堂

在幼小衔接的阶段，父母需要降低期望，平衡好心态，多关注孩子的学习过程，多看孩子的长处，并告诉孩子，好的情绪永远胜过好分数，帮助孩子理性客观看待成绩。

谨慎使用“提高焦虑度”

很多父母或老师通过提高焦虑度来提高孩子成绩，这一方法也许会见效，但不利于孩子身心健康发展。

例如，考试前，父母会说：“考不好，看我怎么收拾你”“进不了前三名，就不给你买玩具”等。用类似的惩罚条件来刺激孩子，在

NO 场景

压力和焦虑中，促使孩子集中精力认真考试，也许会使成绩得到提高，但长此以往，孩子必然处于一种焦虑的状态。

>>> 小课堂

父母要了解孩子的情绪特点。如果孩子是漫不经心、不知道着急的类型，父母可以在考试前适当鞭策一下，让孩子集中注意力，认真做题；如果是胆怯、焦虑的孩子，那么绝对不能使用“提高焦虑度”这种方法。

提前帮孩子感受考试到底是什么

在日常生活中，害怕考试的孩子并不在少数。孩子的情绪调节能力没有那么强，父母需要帮助孩子减少压力。

YES 场景

这次妈妈充当老师，丽丽准备考试。（爸爸在主持考试工作。）

本场考试时间是20分钟，要认真审题，做完检查后再交卷。在考试期间，你不可以问大人。

▶▶▶

帮助害怕考试的孩子，最好的方法就是模拟考试。父母可以根据孩子的情况自己出题，设计一场来自未来的考试。相信经过几次练习，孩子也就不焦虑了。

考前帮助孩子有效复习，做足准备

为了提高学习成绩，考试前几天或前几周，父母要督促孩子有效复习，避免做过多无用功。同时，给孩子一些好的建议，帮助孩子获得更好的心态。

YES 场景

和孩子一起查漏补缺，能有效增强孩子的自信心。父母陪伴孩子一起学习，孩子很容易找到合适的学习方法，获得事半功倍的效果。

当孩子考得不好时，父母一定要对事不对人

在数不清的考试中，对于没有考好的孩子，父母不要过于严厉地批评，要帮助孩子查找原因，共同解决孩子遇到的问题。

NO 场景

孩子没考好，爸爸一上来就批评孩子，孩子呜呜哭起来了。

带有攻击性的语言会挫伤孩子的自尊心，这样做不能解决问题，反而导致孩子越来越害怕考试。

YES 场景

小明垂头丧气地缩在角落里，考卷上写着“50 分”。

小明，不要担心，妈妈和你一起看看为什么这样，好不好？

▶▶▶

妈妈看过你的试卷，好多题没有做完，是不是时间分配有问题？

（见妈妈没有生气，小明跟妈妈说道。）
我特别紧张，害怕考不好会挨骂。

>>> 小课堂

相信随着考试次数的增多，孩子会从被动到主动，积极调节自己的情绪，认识到考试到底是什么，从而更加积极地应对考试。

帮孩子重新找回兴趣与自信

第 6 节

考不好承受不了失败，教孩子正确对待输赢

- 尊重孩子自我感受
- 认可价值多元化
- 接纳不完美
- 就事论事

人的一生都活在评价里，一种是内在评价，一种是外在评价。如果内在评价系统起主导作用，我们的内心就会很强大，因为是自己给自己打分；如果是外在评价系统起主导作用，我们的内心就脆弱得多，因为是别人给我们打分。

在孩子读书期间，考试是非常重要的一种外在评价系统。当孩子考试不理想，心里不能承受失败的时候，父母该如何帮助孩子正确面对输赢呢？有四点实用的方法可以与父母分享。

尊重和肯定孩子真实的自我感受

不可否认，考试是必须有的，但是如果把考试的结果作为评价系统的唯一标准，从而否定孩子的价值，认为失败很可怕，则是不可取的。

NO 场景

例如，小想的妈妈很苦恼，小想这次的数学考试又没及格。妈妈忍不住

数落了他几句。他跑去奶奶家，还说再也不回家了。小想的妈妈本想给孩子好好查漏补缺，但小想和她说：“我就是很笨，补习也没有用。”

在那些考得不好就承受不了失败的孩子心中，外在评价系统发挥了主导作用，成为孩子抗挫力差的主要原因。

YES 场景

期末成绩出来了，阳阳数学考了“90 分”。

太棒了，你肯定下了很多功夫，加油！

怎么才考 90 分，有什么值得高兴的？！

妈妈，我比之前进步很多呢，我会继续努力的。（妈妈听了之后，认同地点点头。）

爸爸的认可，帮孩子打开了内在评价的大门；妈妈好胜心过强，过于看重外在评价。上述案例中，阳阳的表现非常棒。他已经知道如何平衡这两种评价。

小课堂

当一个人过于在乎或更加认同社会或他人对自己的评价时，他就难以获得自信，难以自我认可。父母要鼓励孩子发现内在评价的重要性。

认可价值多元化，成功的路有千万条

世界是多元化的，成功的道路有千万条，评价孩子的标准不能太单一，更不能“唯分数论”。

例如，班主任表扬了班里的“三好学生”，而没有表扬自己家孩子的时候，父母回去跟孩子说：“你看看，你为什么不是‘三好学生’呢？！”

这就无形中传达出：只有“三好学生”才值得被肯定。错误的评价会误导孩子。每一个孩子都有闪光点，父母要多元化地看待，因材施教。

NO 场景

YES 场景

听说小美今天获得了“三好学生”。你没有不开心吧？不用难过，你也可以，你要有信心。

爸爸，真的是这样吗？我是不是很差啊？

不是的！只要不断努力，保持进步的状态就行。加油吧！

鼓励孩子接纳不完美的自己

只要有考试，就会有考得好和考得不好的时候。孩子肯定都想考好，一旦出现考得不理想的状态，有的孩子能迅速调整心态正确对待输赢，有些孩子则陷入负面情绪中，接受不了“我输了”这个现实。

NO 场景

后面的几道题，我刚好没复习。

你为什么不复习啊？

好多内容我都不会，该怎么办？妈妈，我会不会是最差的呀？

其实，考试不光考查孩子的文化课，也在考查孩子的心理承受能力。没有人是完美的，做事情总有不如意的地方。考不好没关系，只要吸取教训、勤奋努力，下次一定可以比上次“考得好”。

YES 场景

考试时跟平时一样，好好审题，认真地做。

▶▶▶

考试成绩出来后……

>>> 小课堂

教孩子正确对待输赢是非常重要的。要培养孩子“输得起”的心态，学会接纳自己的不完美。

就事论事

和孩子一起客观分析卷面上的错误，逐条订正，对错题进行整理。针对错误要就事论事地指正，不要上升到人格。只有这样，孩子才能吸取教训，积累考试经验，增强对下次考试的信心。

YES 场景

孩子，你觉得没考好是什么原因呢？

很多题不会做。

有一次我考得一塌糊涂，姥爷知道后，没有指责我，还帮我找老师辅导，后来期末我考了班级第5名。

妈妈，我也一定行。老师说有问题随时找他。

爸爸也来帮你，一起查漏补缺，争取下次考好。

父母分享自己的学习经历，可以帮助孩子产生同理心，告诉孩子考不好也是很正常的事情，天不会塌下来，只要努力了就好。学习最重要的是方法和过程，结果不必太在意。

我的从容养育

不吼不叫，也能高效陪读

陪读并不只是简单地陪伴，而是有针对性地帮助孩子解决写作业的过程中可能会遇到的问题。父母不能把自己当成问答机器，那样就失去了陪读的意义，也不利于孩子的成长。

父母怎么陪读，才能做到事半功倍呢？

第一 教会孩子时间管理，其核心是“先学习、后玩耍”

孩子都贪玩，一玩起来可能就把作业的事情忘得一干二净。父母必须让孩子先完成作业，然后再玩耍。这个问题父母不要跟孩子讲道理或是讨论。

父母要把和孩子一起制订的时间表张贴出来，每天对照执行，如果发现有问题，过一段时间还可以进行调整。

第二 培养孩子良好的学习习惯，形成适合自己的学习方法

好的学习方法可以事半功倍。如果孩子盲目用功，不仅效果不佳，还特别累。父母要培养孩子“先复习、再做作业、后预习”的学习习惯，温故而知新，不要让孩子一上来就做作业。

如果孩子能把知识点讲出来，那么做作业就相对轻松了，他会一挥而就，父母要提醒孩子细心，题目不要看错，数字要写对，笔画要正确，等等。父母可以帮孩子检查，出错的地方要改正过来。

划重点

预习对孩子第二天的学习非常重要，父母可以让孩子先看书，有问题记下来，然后跟父母讨论。当孩子养成这样的学习习惯以后，慢慢就会形成他自己的学习方法。

第三 规范书写，纠正坐姿，拒绝磨蹭

有的孩子，书写不规范，写的字东倒西歪，有写错的，有看不清楚的……孩子写错的地方，父母要指正，似是而非的地方，同样要注意。比如，涂答题卡应该涂满，而不能打钩；要求把答案写在空格里或是横线上，就不能写在外面，等等。

孩子写作业的时候，父母要注意纠正孩子的坐姿。孩子正处于身体发育阶段，不良的坐姿容易造成驼背、脊柱弯曲、肩膀不平等状况。同时，坐得正，才能写得好。坐不好，写出来的字肯定是歪歪扭扭的。

Tips

01

孩子磨蹭是专注力不强

有些孩子写作业时可能会玩橡皮、喝水、吃零食等，各种磨蹭，最后草草收场。父母陪读，可以有效减少孩子的磨蹭现象。另外，父母要加强对孩子专注力的训练。

02

孩子磨蹭是父母造成的

孩子做完作业后，父母又拿出更多的题目让孩子完成，孩子一看，心想：下回我慢慢做吧，这样就能少做题。在这种情况下，孩子就会磨蹭。父母要明确告诉孩子，认真而不是糊弄地把题目按要求做完，剩下的时间由孩子自由支配，这样孩子磨蹭的现象就会大幅减少。

第四 让孩子自己弄明白

父母要让孩子将所学的知识点讲给父母听，孩子在讲的时候，他所学的知识点就得到了巩固和提高，孩子弄懂了，做题时就能举一反三，不再觉得困难。

不要过于专注地给孩子讲题，这不是好方法，让孩子自己弄明白才是根本。小学阶段父母还可以讲讲，初中、高中怎么办？很显然，这条路是走不通的。

Tips

01
不要责备孩子

不论是孩子磨蹭，还是书写潦草，或是粗心做错题，父母都不要责骂孩子，而是应该找原因，解决问题。简单地责骂几句，通常并不能解决问题，反而给孩子定性了，暗示孩子“你就是这样的人”。

02
别急，慢慢来

父母辅导孩子普遍没有耐心，觉得这么简单的题，一看就会，怎么会花这么长时间。催孩子加快速度、给孩子设闹钟，都是糊涂的做法。如果排除了故意磨蹭，孩子做题慢，那可能是他还没有理解。学习、吸收知识需要一个过程，父母一定要有耐心。

Chapter

5

积极引导，让孩子说出心中所想

小测试 1

>>> The Test

你的孩子内向吗？

你孩子有多内向？对于下面的陈述，请回答“是”或“否”（如果总体上符合，请选择“是”；如果总体上不符合，请选择“否”）。

>>> **评分标准**

以下各题，选“A”记**1分**，选“B”记**0分**。将各题得分相加，算出总分。

1. 当他独自待在自己的房间或其他喜欢的地方时很有活力。

□ **A.** 是　　□ **B.** 否

2. 他做任何事情都不喜欢被打扰，也很少打扰他人。

□ **A.** 是　　□ **B.** 否

3. 在人多的地方，或者在长时间与他人共处某个空间后，他会变得烦躁，特别是在他累了的时候。

□ **A.** 是　　□ **B.** 否

4. 他听别人说话的时候很认真，并伴有良好的目光接触，但是在自己说话的时候，眼神常常游离到别处。

□ **A.** 是　　□ **B.** 否

小测试 1

>>> The Test

5. 他回应别人时，有时候会延迟、犹豫不决或比较低调。

☐ **A.** 是　　☐ **B.** 否

6. 他回答问题前需要有思考的时间，回答前可能需要先在心里默诵答案。

☐ **A.** 是　　☐ **B.** 否

7. 他听别人说话比自己开口说话多，除非他对该话题有兴趣。在这种情况下，他可能会侃侃而谈，当他处于舒适的环境中时尤其如此。

☐ **A.** 是　　☐ **B.** 否

8. 有时候他可能找不到恰当的词来表达自己想说的话，说话的声音通常很小，并伴有停顿。

☐ **A.** 是　　☐ **B.** 否

9. 他不喜欢成为关注的焦点。

☐ **A.** 是　　☐ **B.** 否

10. 他可能被同学们认为不爱说话、冷静、退缩、矜持或冷漠。

☐ **A.** 是　　☐ **B.** 否

小测试 1

>>> The Test

测试结果与分析

总分	结果
7 ~ 10 分	孩子是内向性格。
4 ~ 6 分	孩子的性格居于内向与外向之间。
1 ~ 3 分	孩子是外向性格。

小测试 2

>>> The Test

你的孩子处于叛逆期吗？

父母来给孩子做一个测试题，判断孩子的叛逆程度吧！

>>> 评分标准

除第 19 题选“A”记 **0 分**，选“B”记 **1 分**外，其余各题选“A”记 **1 分**，选“B”记 **0 分**。将各题得分相加，算出总分。

1. 不喜欢听别人的意见或按别人的说法去做。

□ **A.** 是　　□ **B.** 否

2. 觉得绝大多数规章制度都是不合理的，应该废除。

□ **A.** 是　　□ **B.** 否

3. 如果父母或老师再次叮嘱同一件事，他就感到厌烦。

□ **A.** 是　　□ **B.** 否

4. 喜欢与老师对着干的同学。

□ **A.** 是　　□ **B.** 否

5. 经常从反面考虑问题。

□ **A.** 是　　□ **B.** 否

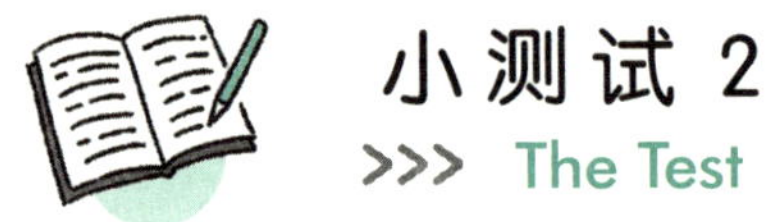

6. 很讨厌班干部指挥，故意不按他们的要求去做。

□ **A.** 是　　□ **B.** 否

7. 老师和父母越是希望他学习用功，他越是不想学习。

□ **A.** 是　　□ **B.** 否

8. 认为老师的话存在很多问题和漏洞。

□ **A.** 是　　□ **B.** 否

9. 觉得与众不同很好。

□ **A.** 是　　□ **B.** 否

10. 违反学校里的某些规定使他感到快乐。

□ **A.** 是　　□ **B.** 否

11. 别人的批评常常让他感到厌恶和愤怒。

□ **A.** 是　　□ **B.** 否

12. 认为老师有很多缺点和错误。

□ **A.** 是　　□ **B.** 否

13. 特别想尝试一下别人不敢干的事。

□ **A.** 是　　□ **B.** 否

小测试 2

>>> The Test

14. 喜欢搞一些恶作剧，使别人感到痛苦或愤怒。

☐ **A.** 是　　☐ **B.** 否

15. 觉得父母和老师经常为一些小事大惊小怪、小题大做。

☐ **A.** 是　　☐ **B.** 否

16. 蔑视领导者或权威。

☐ **A.** 是　　☐ **B.** 否

17. 讨厌或憎恶所有批评他的人。

☐ **A.** 是　　☐ **B.** 否

18. 认为冒险是一种极大的快乐。

☐ **A.** 是　　☐ **B.** 否

19. 喜欢按照大多数人说的去做。

☐ **A.** 是　　☐ **B.** 否

20. 感到没有意思的事，别人怎么说也不会好好去干。

☐ **A.** 是　　☐ **B.** 否

21. 特别爱做令人大吃一惊的事。

☐ **A.** 是　　☐ **B.** 否

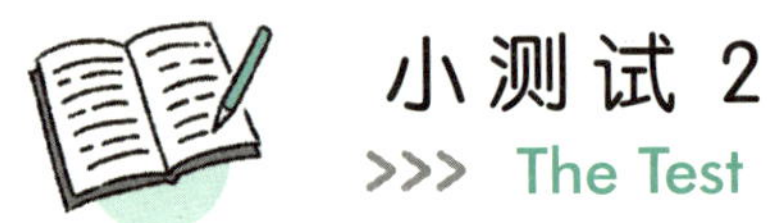

22. 得不到重视。

☐ **A.** 是　　☐ **B.** 否

23. 一旦决定了干一件事，不管别人指出这件事多么有问题，也不会改变主意。

☐ **A.** 是　　☐ **B.** 否

测试结果与分析

总分	分析
总分 0 ~ 8 分	孩子基本没有叛逆心理。遵守规则纪律，只做并且只喜欢做该做的，不去做不该做的。
总分 9 ~ 16 分	孩子存在一定的否定倾向。激动时可能丧失理智，意气用事，有时会做一些不该做的傻事。
总分 17 ~ 23 分	孩子有相当严重的叛逆心理。所想的和所做的总是与众不同，不遵从习俗和规定。如果没有很好地意识到这一问题的存在，并且努力加以克服，则很容易成为不受大家欢迎的“独行侠”。

打造内向孩子的核心竞争力

第 1 节

这样养育，内向孩子也会闪闪发光

- 底气充足
- 润物细无声
- 成为雕刻师

在人群中，比起内向孩子，外向孩子更能吸引人的注意。外向孩子落落大方，内向孩子却格格不入或者高冷孤傲，这个世界似乎更欢迎外向者。对内向孩子，人们多少有点偏见。这使得很多父母苦恼：我家孩子很内向，有没有什么办法改变呢？

养育内向孩子，父母不必底气不足

在很多父母眼里，内向孩子胆小怕人、不擅长社交、退缩逃避……父母担心孩子长大后吃不开，或者得不到充分的发展机会。

事实上，获得巨大成就的内向者比比皆是。从牛顿到爱因斯坦，从达尔文到弗洛伊德，从凡·高到村上春树等，他们都是非常内向的人。

YES 场景

家里来客人了。

小美，叫阿姨好。

▶▶▶

小美看了看，躲到妈妈身后，没有说话。

这孩子真愁人，就是不爱说话。

见到不熟悉的人，小孩子不说话很正常。熟悉一会儿就好了。（爸爸解释道。）

低年龄段的孩子分别心没那么强，父母教育孩子不跟陌生人说话，不跟陌生人走是很有必要的。待孩子长大些，在安全的情况下，再去鼓励孩子和陌生人打交道。

实际上，内向和外向只是两种不同的性格，并没有好坏、高低之分，认为内向孩子低人一等，将来会遭遇更多困难，难以成功，这其实是对内向孩子的误解！

养育内向孩子，要润物细无声

印度甘地说："内向的孩子总会用自己温柔的方式撼动世界。"可是，在他撼动世界之前，却先把爸妈给撼动了！

爸妈养育内向孩子时常常会遇到一些烦恼：出门见到朋友，让孩子过来打招呼问好，内向孩子扭捏半天也说不出口；孩子做错了事，父母免不了批评几句，内向孩子可能会把那几句话在心里翻来覆去琢磨好几个月。内向孩子敏感、脆弱，不像外向孩子那样大大咧咧。

YES 场景

小美，这道题没写对啊！怎么这么不认真呢？

认真写了！我觉得是这样的，但是老师说我做错了。呜呜呜……

妈妈明白是小美没有读懂题目，赶忙安慰说。

对不起啊，妈妈错怪小美了。好了，不哭了，咱们一起看看这道题，好不好？

内向孩子脸皮薄，别人说一句可能脸就红了，再多说可能就哭了……内向孩子受不了别人的批评，可说别人却往往比较直接，有时会让别人受不了。相比较外向孩子来说，内向孩子幽默感没那么强，属于慢热型。

养育内向孩子，父母要关照到孩子的内心，做到润物细无声。同时，要锻炼孩子的心性，重点培养孩子一两个爱好，这样会增强孩子的自信心。

养育内向孩子，父母要成为高明的雕刻师

对于内向孩子来说，社交是个难题。在家里，大人围着转，相对来说，内向孩子会被照顾得很好；去到学校，内向孩子的社交问题就表现得比较突出了。

例如，在学校，其他孩子很快相互熟悉了，内向的小娟却总是形单影只。一群小伙伴玩得热火朝天，小娟却默默游离在外面，很难和小伙伴打成一片。有同学过来叫小娟一起玩，小娟也不敢过去。

NO 场景

父母教养内向孩子，最为重要的是，发掘内向孩子潜在的优势，把内向孩子培养成为心理成熟、适应良好的成功者，让孩子在外向的世界里茁壮成长。

内向孩子是璞玉，需要父母认真地雕琢。孩子的问题，根源多数在父母那里。内向是表象，是外在的问题，只要父母精心培养，相信孩子会变得自信、阳光、坚强、勇敢。父母要发挥出孩子的优势，为他赢得美好的未来。

小课堂

内向孩子自带发动机，有理想、自律性好、爱读书、爱分析、爱深度思考。他们思前想后，因而计划周密，一旦行动起来，就咬定青山不放松，即便遇到艰难险阻，也逢山开路遇水搭桥，不达目的不罢休。

打造内向孩子的核心竞争力

第 2 节

五个秘诀，让沉默不语的孩子打开话匣子

- 不否定、不威胁
- 认真倾听
- 鼓励孩子说出来
- 及时疏导情绪

内向孩子更敏感，喜欢独处，喜欢思考，喜欢安静地看书。父母常常不知道孩子在想什么，有什么困难。如果未能及时发现孩子的问题，则更难帮到孩子。那么，父母怎样才能更好地和内向孩子沟通呢？

跟内向孩子沟通，要控制自己的坏情绪

内向孩子非常敏感，内心安全感较缺乏，非常在意别人尤其是父母对自己的看法。父母可能觉得时时处处都要注意自己的情绪，根本做不到。其实，要做到并不难，就看父母是否愿意。

同样忘记带东西，为什么父母对客人就可以客客气气的呢？要想不批评、指责、否定孩子，其实也很简单，和孩子说话时，像对待客人一样就行了。

>>> 小课堂

父母跟内向孩子说话时，要注意语气和方式，不要说一些指责、否定的话，而要经常说爱孩子的话，以巩固孩子的安全感。

父母要学会认真倾听孩子的心声

很多沟通之所以无效，就是因为不愿意倾听，甚至没弄清楚对方的想法，只顾把自己的想法强推给对方，当然也就很难取得好的效果。

父母不愿意倾听孩子，主要是想当然地以为自己很了解孩子，心想：小屁孩能有啥事呢？其实说到了解，有些父母可能还不如老师对孩子了解多，但父母在孩子面前从来都是这么自信。

父母只要足够爱孩子，就完全不必受任何形式所限，完全可以做到彼此都轻松愉快。想一想孩子 3 岁前，父母倾听孩子说话有问题吗？沟通有障碍吗？为什么孩子大了，反而沟通不顺畅了呢？

YES 场景

妈妈，你听到我说的话吗？

儿子，妈妈听到了。这件事让你不开心了，是吗？

嗯，你说怎么办才好？

下次见到小军，说句“对不起”。不要有心理负担，你怎样对别人，别人就会怎样对你。

只要父母愿意倾听孩子，和内向孩子的沟通就能取得良好的效果。父母是孩子最亲密的人，要真诚地去倾听孩子。

希望孩子做的事，设法让孩子自己说出来

外向孩子能愉快地接受父母的指令，比如晚上快要睡觉时，孩子屋子还很乱，玩具扔得满地都是，爸爸可以直接跟孩子说：“儿子，屋子太乱了，现在就把玩具收到玩具柜里，把床也整理一下吧！”外向孩子听到后，会马上行动。

内向孩子更愿意听从自己的内心，而不愿意听别人的，包括自己的父母。和内向孩子沟通时，父母要引导孩子自己说出来。

YES 场景

宝贝，你一直都爱整洁，每次都把玩具收拾好，今天是不是事情太多了，没顾得上？

今天作业有点多。

那今天的玩具还收拾吗？

作业做完了就收拾。

内向孩子大多对自己要求严格。如复习功课、做作业、收拾玩具等，父母让孩子自己说出来，他就会开心去做。

小课堂

父母要花些功夫来培养孩子的表达能力，尤其在孩子小的时候，是语言发育的黄金期，父母要抓住这个黄金期，把孩子的表达能力提升上来，这会让孩子终身受益。

当孩子有情绪时，要及时帮孩子疏导

内向孩子由于和别人沟通少，更容易积累各种负面情绪。父母要留心观察孩子，发现孩子情绪有问题后，就要及时帮他疏导。

父母如果一发现孩子有负面情绪，就站在对立面指责孩子，孩子则会选择拒绝交流，从而加深彼此间的隔阂。

父母若是能接纳、认同孩子的不良情绪，引导孩子表达自己的情绪，找出引起孩子情绪低落的原因，便可以与孩子一同解决情绪问题。

妈妈充分理解孩子的情绪，并且懂得共情，在照顾孩子的感受下与孩子交流，了解到孩子因为被老师批评从而觉得心里委屈，不愿意上学。于是，妈妈打电话与老师沟通此事的具体情况，并且转达了老师的话，告诉孩子“老师希望你提起对学习的兴趣，迎头赶上”。沟通后，孩子高高兴兴写作业去了。第二天，孩子正常去上学。

内向孩子的情绪和大人是很不一样的，被老师批评两句，他可能觉得天要塌了，这也是为什么有的孩子被老师批评后，会做出极端行为的原因（在此特别强调，老师批评孩子也要讲究方式、方法）。父母可能觉得这不是什么大事，但孩子在那个时间段，他心里就是过不去那道坎。父母要做的就是帮孩子疏导，迈过这道坎。

小课堂

内向孩子有情绪时，父母千万不要不当一回事。孩子心里过不去，内心就会打结，结多了，痛苦就多了，精神就变得很压抑，到那时，一个小小的刺激，可能会引发严重后果。

鼓励孩子以他舒服的方式来沟通

发现孩子有问题时，父母一定要跟孩子认真沟通，不要视而不见，不要避而不谈。同时，沟通时，不要以上欺下，不要以强欺弱。要以孩子能接受的方式来沟通。

YES 场景

不吃，就不吃！（小美不开心了，怎么都不吃饭。）

女儿，是不是遇到什么问题了？

我上课开小差，被老师批评了。

妈妈说你被老师批评了，是这样的吗？有什么需要爸爸帮忙的吗？

内向孩子只要愿意沟通，任何形式父母都要欢迎。并且要经常告诉孩子，父母很爱他，随时欢迎他来找父母聊天。

打造内向孩子的核心竞争力

第 3 节

多点理解，破解内向孩子的社交困境

- 社交礼仪
- 结交好友
- 帮助成才

与外向孩子相比，内向孩子遇到的最大困难就是社交。父母要设法教会内向孩子社交，虽然让孩子成为社交焦点很难，但让他既有三两个贴心的好朋友，又可以和大家打成一片，还是很容易做到的。如何破解孩子的社交困境呢？建议父母这样做。

1 父母要教会孩子社交礼仪

礼仪是社交的基础，不需要什么技巧。只要孩子拿出态度就能做好，因此父母首先要教会孩子基本礼仪，让周围人更乐于接纳孩子，从而让孩子更容易融入社会。

教会孩子与人打招呼，这点对内向孩子尤为重要，不能简单地要求孩子有礼貌，那样孩子不知道怎么做，只好往后躲。

YES 场景

父母见到老年人，主动打招呼。

李奶奶，早！

▶▶▶

宝贝，这是李奶奶，向李奶奶问好！（妈妈给孩子介绍道。）

李奶奶好。

之后每次见到李奶奶，孩子都会主动打招呼。

这孩子有礼貌，爱打招呼。

>>> 小课堂

父母要教会孩子正确地使用称呼，如爷爷、奶奶、叔叔、阿姨、哥哥、姐姐等。父母教会孩子说敬语“您好”“请”“谢谢”“对不起”，这样日常大部分场景就能应付了。

父母平时带孩子串门时，要教会孩子拜访的礼仪，如告诉孩子不要用力拍门，不要无休止地按门铃，这会显得粗鲁无礼。

在别人家玩耍时，要教会孩子注意卫生，不能随地乱扔果皮纸屑，不可以跟小伙伴抢玩具，未经同意不能随意翻看别人的物品。

在别人家吃饭，要教会孩子最基本的餐桌礼仪，包括要等全部人落座才可以吃，不可以用筷子在盘子里翻来翻去等。

父母要鼓励孩子结交三两个好友

当今社会要想有所作为，单打独斗成功的可能性越来越小。与人合作是必须的，团队作战发挥众人的特长，是制胜的关键因素。

作为内向孩子的父母，尤其要鼓励孩子多结交几个好朋友。父母要鼓励孩子和小伙伴友好地相处，不要争抢，一起玩游戏等。

周末可以邀请小伙伴一起郊游，还可以鼓励孩子带小伙伴来家里玩，这些都是发展友谊的大好机会。不用担心，无论多么内向的孩子，都能做到。

YES 场景

家里来客人了，妈妈鼓励丽丽招呼客人。

叔叔、阿姨好！小美，快进来。这是我的玩具，我们一起玩过家家好吗？

孩子们，来吃点水果吧，休息一下。

分别时，两个小朋友依依不舍。

小美，这是送你的小礼物。你改天再来找我玩。叔叔、阿姨再见。

父母要告诉孩子，如果有些玩具或绘本不想和小伙伴分享，那就提前收起来，不要拿出来给小伙伴看。当小伙伴离开时，鼓励孩子送小礼物给小伙伴，以加深友谊，要让孩子送一送客人，并欢迎他们下次再来玩。

小伙伴有什么困难，鼓励孩子积极给予帮助。一起玩耍，一起学习，一起战胜困难，都非常有助于加深朋友之间的感情。

朋友之间也会闹矛盾。只要不是原则性问题，父母要鼓励孩子尝试着自己去解决矛盾，当孩子懂得倾听和了解冲突的关键，也就能够顺利解决问题，化解矛盾。

3 父母要帮助孩子成才

父母可能有点奇怪：让孩子成才，这并不能增强孩子的社交技巧啊！但这恰恰是内向孩子社交的最高境界。

方法一：鼓励和帮助孩子成为学霸

学校里有个很常见的现象：大部分学霸的人缘都不错。这样即便是内向孩子，他在学校也不会孤单，反而会成为同学的焦点。走上社会以后，成为单位骨干，甚至成为某方面的专家，社交自然就不成问题了。

YES 场景

方法二：鼓励孩子发展爱好

阳阳是个内向的孩子，人一多就发怵，不自觉地想逃避，甚至躲到角落里；说话直来直去，给人感觉特别直、特别冲。妈妈担心阳阳交不到好朋友。有一天，阳阳爸爸出差回来，给阳阳带了礼物……

YES 场景

阳阳，看爸爸给你带了什么礼物？

哇，挖掘机！我早就想有一辆挖掘机了。（阳阳开心地叫起来。）

过了一阵子，由 10 人组成的“挖掘机车队”成立了，阳阳被推举为组长。

阳阳太棒了！

男孩喜欢车，爸爸可以带他去汽车博物馆参观，给他多买各种车类玩具，带他去看各种车类比赛，当孩子眉飞色舞地向小伙伴讲述 F1 赛车如何换轮胎，雪地车为什么不怕滑时，他已经收获一群小“粉丝”了。

女孩爱美，父母可以根据她的兴趣，教会她插花、做雪糕、画简笔画等。这些实用的技能，能帮孩子提升自信，轻松收获友情。

打造内向孩子的核心竞争力

第 4 节

耐心倾听，内向孩子也很健谈

- 创造安全环境
- 每日表达
- 多鼓励、少批评

内向的孩子不习惯用语言表达，当他遇到一些困难或麻烦的时候，常常会沉默、生闷气，或等待父母来发现，然后帮他解决。

如果孩子长期如此，对他的成长是不利的，和他人相处也会有麻烦，别人不可能总是去猜他在想什么。而孩子有心事得不到理解，又觉得很委屈，这会妨碍正常的沟通交流，容易造成沟通不畅。

父母要花功夫来培养孩子的表达能力，尤其在孩子小的时候，是语言发育的黄金期，父母要抓住这个黄金期，把孩子的表达能力提升上来，这会让孩子终身受益。建议父母这样做：

要为孩子创造安全的表达环境

父母指责孩子，有一部分原因是心态上不愿意承担责任，或是怕麻烦，因为孩子身上出现的问题，归根到底都能从父母那里找到原因。

很多时候，孩子怕说错话、害羞，或是怕做错事受到父母的指责，而选择沉默，说得越少，就会变得越发沉默。

父母一定要创造一个温馨和谐的家庭氛围。经常对孩子保持微笑，好好跟孩子说话，这样孩子慢慢就爱说话了，这对孩子的语言表达非常有好处。

YES 场景

父母及时辅导，对孩子巩固理解当天的课程特别有帮助。通过每天讲解表达，孩子的表达能力可以得到极大提高。即便孩子的表达出现一点问题，这都很正常，让孩子不要急，慢慢说，然后想办法帮助孩子解决问题。

把表达作为每天必做的功课来对待

表达的前提是观察，内向孩子观察能力明显更细致。观察一只猫跑过去，内向孩子常常能说出猫的体态、步伐、毛色、动作等。这种观察入微的能力，对于清晰细致的表达非常有帮助，有利于孩子作文水平的提升。

孩子小的时候，父母每晚做亲子阅读时，孩子经常要求讲同一本书。这时候妈妈就可以请孩子一起讲，并表扬孩子讲得好。

每天晚上，妈妈都给小明讲故事。

妈妈，今天还讲《蓝色小卡车》的故事。（这本绘本已经连续讲了三个月。）

好的，今天妈妈讲一页，你讲一页，好不好？我先讲第一页。

小明，你讲得真好，小卡车跑了这么远啦！

小课堂

当孩子能清楚地描述单一对象后，父母要鼓励孩子观察某个事件，比如老师提问、猫狗打架、人们在雨中奔跑等，说清各方的动作、语言，尝试描述对象的心理活动等。

父母要把“观察和表达”的事项列入孩子的日程表中。比如，孩子每天完成一次较为细致的观察，可以观察老师、同学，也可以观察花草等。回家以后，要和父母把观察的情况仔细说一说，外观、外貌，神态动作等。开始时，孩子可以只讲一两句话，父母要鼓励和表扬孩子，慢慢地，孩子就能说得更具体、形象了。

父母对孩子要多鼓励，少批评

任何好方法，关键在坚持，三两次通常是没什么效果的，但坚持三两年练习，孩子一定会有很大进步。要让孩子坚持下去，父母首先要坚持，如果父母放弃了，孩子一个人是很难坚持的。

NO 场景

妈妈要小军讲《蓝色小卡车》故事，但是小军却讲到了小卡车开出宇宙，来到外太空。于是妈妈便指责孩子。

孩子的想象力是天马行空的，父母要允许孩子丰富故事的内容，千万不要教条主义，千万不要打击孩子表达的积极性。

坚持的过程中，鼓励和表扬孩子至关重要。父母放心夸孩子吧，内向的孩子夸不坏的；但不能随意批评，尤其不要没有根据地乱批评。

YES 场景

妈妈可以试着对儿子说：“今天你的小卡车开到了月球上，比原来的故事还有趣，太棒了”“哇哦，你讲的和书上的一样，一点不差，非常好”。

孩子描述具体事物时，开始时肯定讲不了几句话，父母千万不要有一丝一毫的蔑视，而要兴致勃勃地倾听，边听边点头，然后夸孩子观察仔细，语言非常形象，鼓励孩子多说几句，慢慢地，孩子就能说一段了。

小课堂

坚持下去，有助于孩子出口成章。拥有好的表达能力，无论孩子将来从事什么职业，都会助力其取得更大成就。

陪孩子度过最具挑战的青春期

第 5 节

刚进入青春期的孩子，到底想要什么？

- 渴望得到认可
- 想要交朋友
- 想彰显个性
- 关注异性

在养育孩子的过程中，父母会遇到许多困难和障碍。在这重重障碍中，青春期也许是路上的一座高山。

很多父母费尽心力为了孩子，可是孩子并不理解，反而怨恨父母。双方都很痛苦，冲突不断，这些都是父母不了解孩子的缘故。弄清楚孩子想要什么，这样父母在和孩子沟通时才能说到点子上，帮孩子的时候，才能帮到位。刚进入青春期的孩子，到底想要什么呢？

1 特别渴望得到认可

进入青春期，孩子变得敏感，自尊心特别强。孩子在心理上认为自己已经长大成人了，特别渴望得到别人的认可，特别在乎别人对他的态度。

青春期的孩子如果从父母和老师那里得不到认可，就会转向其他地方寻求认可。他可能通过打游戏来追求自我满足，甚至陷入网瘾不能自拔。

NO 场景

孩子再大一点，他还可能跟社会不良青年走近，从而越发讨厌父母和老师的说教，有可能发展到逃学。

父母要发现孩子的优点，经常鼓励孩子；对孩子不足的地方，也采用鼓励引导的方式，而不是批评的方式。

Tips

01

和孩子沟通时，要从心里爱孩子，尊重孩子

孩子刚刚有点叛逆的小苗头，一切都还好办。平时父母要多关心、观察孩子，认可孩子长大了，倾听孩子的心声，遇事和孩子商量。

02

一定不要采用“按我说的办”的高压模式

这只会让事情变得更糟，有些父母特别想把孩子某种固执的做法纠正过来，但孩子肯定不会妥协的，很可能一言不合扭头就走。

2 想要交朋友

青春期之前，孩子依赖的是父母；进入青春期以后，孩子开始把目光转移到同学、朋友身上。

孩子和同学、朋友交往，父母要予以支持和鼓励，这对锻炼孩子的社交能力有好处。孩子和同学、朋友正常交往，他长大后，就会减少和社会上的不良青年混在一起的概率，从而杜绝一大隐患。

YES 场景

爸，星期天我们几个同学想去爬山。

没问题，需要我开车送你们吗？怎么安排的？

不需要，我们自己坐车去。我想借你的登山杖。

没问题，要注意安全。带点水和食物，补充体力。这些钱带着，路上也许能用得上。

孩子们往往认为朋友是永恒的，很珍惜朋友关系，如果和朋友闹掰了，会很伤心。父母要站在孩子的角度给建议，还要告诉孩子，即便不做朋友了，之前一起交谈、一起玩耍也是有意义的，朋友之间的关系可能会发生变化，甚至是断交，但不要恶言相向。

要让孩子信任你，愿意和你说出他遇到的所有事情，包括被冤枉、看不惯、不平衡等，父母要学会倾听，可以给孩子提建议，尤其是在人生观和学业方面提些建议，但不要批评孩子。

父母要默默地做孩子最值得信赖的朋友。孩子和同学、朋友处得好，就让他们开开心心地玩；闹矛盾了，回家后要拥抱和接纳孩子。

3 经常想要彰显个性

随着年龄的增长，孩子熟悉了周围的环境，了解了同学、朋友的个性后，他就想彰显个性，暗暗地在群体里比高低。

孩子可能会想尽办法让自己与众不同，诸如衣着打扮张扬另类、谈吐举止追求个性等，孩子给自己在群体中进行定位，并希望在某方面突出自己，以吸引同伴的眼光，获得同伴的肯定，从而增强自己的自信。但这个阶段的孩子，对个性的认识还比较片面，因此基本停留在物质层面上，父母要加以引导。追求个性若把握得好，对孩子成年后的工作有好处，如创新力强等。

YES 场景

青春期的孩子有一些攀比消费的问题，父母一定不要着急去批判和谩骂，要先了解孩子，弄清楚孩子心里的需求，多一些理解与包容，才能正确地解决问题，并正确地引导孩子拥有健康的心理，塑造孩子正确的价值观、消费观。

小课堂

父母不要支持孩子高消费，要帮孩子树立正确的消费观。即便家里经济条件好，也不要满足孩子所有的物质需求，这样对孩子没好处。根据家里的条件，取班级孩子的平均水平即可。父母平时要让孩子一起帮忙做家务，让孩子看到父母的辛劳，理解父母的不易，从而立志于学业，而不是和同伴比消费。

开始关注异性

孩子进入青春期，与异性接触时有了微妙的变化。女生们关注帅气高大的男孩，一起对男孩评头论足，有一些新鲜和刺激的感觉；男生们也注意女生，偶尔会在一起用调侃的方式谈论某些女生。

很多父母担心孩子会早恋，一旦发现苗头，先是旁敲侧击，然后好言相劝，接下来就会横加干涉，甚至跟踪监视，把亲子关系弄得很紧张。如果父母的行为激发起孩子的自尊心和逆反心理，他偏要做给父母看，那样只会适得其反。

父母不用过于担心孩子早恋的问题。他们还没到谈感情的年龄，只是对异性有点好感，多说几句话。因此，如果孩子在父母面前提到某个异性同学，父母要淡定，不要批评孩子，要耐心听孩子把话说完，然后鼓励孩子和同学一起学习，引导孩子把心思更多地放在学业上。

>>> 小课堂

如果父母平时和孩子沟通比较多，交流轻松自然，可以给孩子讲讲性教育知识，用一周的时间，每天晚饭后讲一次。父母可以自己制作 PPT 来讲，要讲清楚身体发育的规律和特点，尤其是孩子面对的诸如月经、遗精、手淫等问题，一定要用科学的理论来讲解，让孩子接受健康的性教育。

陪孩子度过最具挑战的青春期

第 6 节

与青春期孩子沟通，先给他足够的尊重

- 不唠叨
- 尊重孩子，学会倾听
- 沟通不以谈学习开始

青春期是家庭亲子冲突的最高峰。青春期的孩子会有很多变化，有些父母可以轻松接受孩子身体上的发育变化，却很难接受孩子情感和社会需求上的变化。青春期是从儿童期到成年期的过渡时期，在这个阶段，孩子的主要任务是发现自己，了解自己和他人。跟儿童期不同的是，他不想再完全依附于父母而存在，迫切地想独立。可事实上，他还不是一个成年人，于是，各种不同类型的亲子冲突出现了。

想重新打开跟青春期孩子的沟通之门，可以这样做：

父母要忍住大部分唠叨

孩子青春期到来时，父母会惊异地发现以前那个愿意跟我聊天、渴望我陪伴的小可爱不见了。这个十几岁的孩子像个陌生人一样，父母想跟孩子聊天，结果十句话有九句半都不投机。

NO 场景

快要考试了！儿子，抓紧学习啊。

我知道了，你烦不烦？

小明，多和优等生一起学习，少跟那些差生一起玩。

你别管我，行不行？

十几岁的孩子在尽最大努力变得独立和成熟，特别不喜欢各种建议，讨厌父母事无巨细地管着他，不喜欢父母一而再再而三地翻旧账指责自己。如果经常否定孩子的情绪和感受，只会让孩子越来越反叛。

尊重孩子，学会倾听，与孩子建立情感连接

青春期是孩子形成主见的关键期，如果孩子做每一件事情父母都干涉的话，那等待父母的就是亲子冲突的狂风暴雨了。跟孩子沟通不是发布指令，沟通也不是说教，而是在倾听的基础上，给予孩子包容理解。

父母之所以热衷于给孩子提建议，是希望能帮助孩子少走弯路。实际上，错误本身并不可怕，每个人的人生经验都是从试错中来的。

例如，当孩子回家跟父母说，这次英语没考好，因为他不喜欢这个新的英语老师。如果你是父母，你会是以下哪种反应？

NO 场景

这样的回答虽然看起来很理性，但是会让孩子开启防御机制，再也不想跟父母沟通了。

有效的沟通是，当青春期的孩子发现父母理解自己后，他反而会自己想办法，找出真正有建设性的解决方案。

YES 场景

你最喜欢的老师不教你们了呀？现在的老师你不太喜欢，所以这次英语没考好，是吗？

（点了点头。）是的。

那接下来你打算怎么办？

我想跟老师说说，多讲些作文。我的作文写得不太好。

不要总否定孩子的想法，给孩子机会试错，给他一些自主选择的权利。很多并不涉及原则性问题的事情，就让孩子自己选择，如买什么样的衣服、报什么课外班、学习计划如何安排等都可以交给孩子决定。他需要有机会去尝试、去探索，才能找到自己的价值感。

>>> 小课堂

虽然父母适当地放手，给了孩子选择的机会，但是千万不要从他身边走开。父母必须告诉孩子，在遇到困难或问题的时候父母会随时陪在他身边，并给予指导和支持。

跟孩子聊天的时候不要以谈学习开始

青春期的孩子学业确实很重要，孩子的很大一部分压力也来自学业，但是每次沟通以聊学习成绩开始的话，那大概率都会以冲突的方式结束。

父母可以跟孩子谈谈生活中的新鲜事，或者孩子关心的明星之类的轻松话题。在孩子情绪稳定、心情好了之后，再慢慢过渡到学习方面的问题上，这样的话，孩子的接受度也会好很多。

YES 场景

儿子，咱们下周滑雪去吧？

▶▶▶

好啊，我正想着这事呢。老爸，周末有空啦？

有啊，我也得劳逸结合，不然太枯燥太无趣了。

可不是，我这天天学习都快闷死了。

>>> 小课堂

虽然青春期是父母和孩子冲突的高峰期，但好消息是，只有很小一部分的亲子关系会在青春期破裂，绝大部分家庭都会经历一个有风有浪的时期，然后重新找到平衡亲子关系的方法。

陪孩子度过最具挑战的青春期

第7节 早恋不可怕，正确看待和引导才是关键

- 让孩子不缺爱
- 有些事不能做
- 冷静处理

在小学至初中阶段，孩子在学习课本知识的同时，还有重要的一课需要学习，那就是学会处理人际关系，其中包括与异性的关系。

父母发现孩子在QQ聊天时说“小宝贝”“我爱你”之类的话，担心孩子早恋。对孩子的早恋现象，父母不要简单粗暴地打压孩子，要了解情况，和孩子多沟通，以疏导教育为主。具体该如何做呢？

平时多关心孩子，让孩子不缺爱

所谓“物以类聚，人以群分”，孩子喜欢和某些同学交往，不喜欢和另外一些同学交往，这都是正常的。在一起有共同语言的同学，彼此更有好感，父母并不需要太慌张。

由于青春期孩子对感情的理解还较浅，他们的行为类似“过家家”。对异性同学，他很可能只是有好奇心，有朦胧的好感。

NO 场景

小刚是我男朋友，我很爱他。

对于孩子说的话，父母不要过于紧张。有些孩子会把那份爱慕之情隐藏在心中，仅在别人不经意间多瞟几眼“意中人”；有些孩子却会直接表白，擦不出火花就算了，如果双方一拍即合，关系就会更进一步。

真正需要担心的，是在缺少家庭关爱的环境下长大的孩子。不管是男孩还是女孩，他/她都希望有一个人像母亲或者父亲那样来爱自己，以此来缓解内心的孤独。父母平时要多关心和陪伴孩子，让孩子不缺爱。

>>> 小课堂

一个从小缺少爸爸或者妈妈陪伴的孩子，他的内心是非常孤独的，比较敏感脆弱。如果这样一个孩子对同学说“宝贝爱你”之类的话，那他真的有可能是在早恋。

发现孩子可能早恋，有些事情父母不能做

有些父母发现孩子有早恋苗头，反应特别激烈，本来没事，经过父母一折腾，就很容易把事情推向相反的方向发展。

父母严厉告诫孩子，绝对不许谈恋爱，不许再跟异性同学交往。那么，既然父母反对，孩子觉得明里不行就暗地继续，反而引发更多的问题。

从蛛丝马迹中，父母发现孩子还在早恋，有可能升级打压行为，严密监视日记、手机，甚至会悄悄去盯梢。

后来，孩子为了躲避父母，可能会寻找到更私密的地方聚会。

NO 场景

父母这样的行为，有可能会加速把孩子推到早恋的境地。其实，每一步都有“截胡”的可能，父母要引导孩子走到正途。

孩子们或许只是把“早恋”作为反抗父母的行为。他们会从心里觉得这事很有价值，很有成就感。于是相互鼓励，共同携手。父母打压得太紧，反而会把孩子推向危险的境地。

>>> 小课堂

麦当劳这样的地方毕竟是公共场所，孩子们聚一聚、说说话，不会有过当行为。但在一些私密的环境下，就真的很容易出现亲密行为，这是父母非常不愿意见到的事情。

父母要冷静地处理，不要着急定性

发现孩子有早恋迹象，父母不要着急限制孩子的行为，指责甚至打骂孩子。父母这个时候必须静下心来，不要急着给孩子定性，更不要苦口婆心讲道理。孩子这时候根本听不进去。

父母要做的就是正确引导孩子。首先父母心里不要慌，慢慢引导孩子扩大交往面，让孩子不要把焦点放在某个同学身上。

YES 场景

小红这女孩挺不错，妈妈喜欢她。
我挺喜欢她的，想和她在一起。
你看人很准，眼光不错。
上初中那会儿，我也有喜欢的男生。我们比赛学习，看谁成绩好。
是吗？这个有趣。
小红就是比我学习好，所以我喜欢她。
学生要以学习为主，全面提高自己，这样才会收获更好的未来。
谢谢老妈，你真好！

孩子听父母这么说以后，感到自己被尊重，自己的感情被接纳，对自己的状态也能更加了解，再继续和对方交往时，就没有了父母“助推”的因素，就是单纯两个孩子之间的交往。父母大可放心，由于年龄小，学习压力大，这样的交往通常只能维持较短的时间，一般也就一个学期左右。

>>> 小课堂

如果孩子成绩不错，父母也可以用远大理想来引导孩子。告诉孩子他现在还只是在山脚下，山上还有许多美景，现在要继续攀登，不要为了一朵小花而放弃大片的花海，不要因为一棵小树而放弃整片森林。

陪孩子度过最具挑战的青春期

第 8 节

顶嘴、离家出走，三个沟通密码轻松搞定

- 不强加意志
- 用拜托的语气
- 与孩子共情

父母普遍发现：

进入青春期的孩子情绪急躁，难以沟通，话不投机转身就走。要是父母耐着性子说，孩子会嫌父母絮叨，轻则顶嘴，严重时可能会离家出走。

其实，孩子出现这些问题，原因可能出在父母身上。作为父母，你是否真的看见孩子、听见孩子，你是否有足够的耐心，你是否有足够的笑容……孩子是独立的个体，他有自己的思想。在和孩子沟通时，父母要尊重孩子，把孩子当作平等交流的对象，而不是把孩子当作受教育的对象，更不是父母不顺心时的出气筒。

不要把自己的意志强加给孩子

父母不把自己的意志强加给孩子，并不是说不管孩子。孩子刚进入青春期，父母不管，孩子怎么开心怎么来，打游戏、吃垃圾食品……对于孩子不良的行为，父母仍然要管，并且要管到位。

父母经常对孩子提各种要求，如果孩子不服，父母就用吼叫的口气来教训孩子。孩子认为，父母区别好孩子和坏孩子的标准，就是看他是不是听话。

孩子有灵魂有思想，有大脑会思考。“棍棒底下出孝子”的教育方法，等待父母的要么是孩子性格胆小懦弱，要么是孩子跟父母越闹越僵，甚至离家出走。

>>> 小课堂

和青春期孩子沟通，既要坚持原则，又要温柔对待。在尊重孩子的前提下，和孩子一起制订规矩，之后贴到墙上，不可违背。平时和孩子说话，父母言语要更温和。

用拜托方式的语气和孩子沟通

父母和孩子沟通时语气要和缓，切忌盛气凌人。每天用命令的语气跟孩子说话，只会增加孩子烦躁叛逆的情绪，反而更不愿意“听话”。建议父母转换跟孩子说话的语气，从命令式转为拜托式。

如果父母每天听到别人用命令式的语气跟自己说话，是什么心情？还能否静下心认真做事？会不会跟这个人绝交？孩子无法跟父母绝交，所以请父母好好呵护孩子的成长。

YES 场景

>>> 小课堂

人与人沟通，首先要做到彼此尊重。当孩子鼓起勇气和父母说心里话，父母不要只会说教，而是要经常和孩子心贴心地交流。

遇到问题时要站在孩子的立场上共情

考试考砸了，对孩子发火；在校闯祸了，对孩子发火……孩子一出现问题，父母就发火，从来没有平心静气地沟通。刚进入青春期的孩子，可能会遇到各种问题，父母要学会观察和倾听。共情能很快拉近青春期孩子和父母的距离，消除孩子内心的防御和担心。

例如，丽丽在学校里和好朋友小美吵架了，心情很郁闷。回家后，妈妈直接对丽丽说：“早就和你说过吧，你这种臭脾气还不改，现在吃亏了吧？想想哪里做得不好，有什么资格郁闷啊？”

NO 场景

YES 场景

放学前和小美吵架了，很郁闷。

和好朋友吵架，肯定会心情郁闷。能告诉我，发生了什么事情吗？

小美把我的书弄坏了，我不跟她做好朋友了。

▶▶▶

小美一直挺好的呀，她可能是不小心弄坏的，
还发生了别的事情吗？

显然，在共情的基础上，开放式的问题可以鼓励孩子倾诉，从而开启父母与孩子沟通的大门。如果和孩子说话较少，甚至孩子逆反了，父母可以用共情的方式向孩子表达关心：“妈妈虽然不是很明白这个时期的你，但我依然很爱你。所以无论发生任何事情，你随时都可以找我，我会帮助你的。”听了这话，相信孩子会向父母敞开心扉。

当孩子跟父母说自己的事情很重要时，父母要认真听孩子解释，和孩子好好商量。这样孩子才会更愿意和父母沟通。

Tips

很多父母与孩子相处，除了给孩子准备好吃的，就是没完没了地问学习。这样的相处，会让孩子渐渐生厌。在教育孩子成才的路上，父母也要不断充实自己，使自己变得更有趣。

我的从容养育

与青春期孩子相处，父母必须绕开这十大误区

中国教育科学研究院对两万名父母和两万名初中生进行了大规模实证调查，描绘当下青春期学生家庭教育的整体现状，揭开了家庭教育的十大误区，希望父母能避开。

误区 1 青春期充满可怕的“暴风雨”

青春期孩子的父母大多正处于多事之秋的“中年危机”阶段，面临健康、事业等多重挑战。当“中年期遇上青春期”时，很多家庭进入互相不理解、不交流的阶段，亲子冲突较多，父母觉得孩子“叛逆、不好沟通、另类”。

青春期的“暴风雨”，是多种因素导致的。父母要抛弃刻板印象，放下误解和焦虑，多理解孩子的行为和背后的动机，多事前沟通，少事后管教，努力消除亲子冲突。

误区 2 父母仍然是孩子唯一的“重要他人”

调查发现，同伴才是孩子玩耍、倾诉和分享秘密的首选对象，高达 56% 的孩子更愿意向同伴倾诉心事，选择母亲的仅为 14%，而选择父亲的仅占 3%。这意味着孩子将同伴作为最重要的情感依恋对象，父母在此阶段并不是孩子情感上最重要的人。

这是孩子成长的规律，是人生的必经阶段。在这个时期，父母需要认同并接纳自己的权威逐渐降低的现实，适度放手，支持并帮助子女拓展交往范围。

误区 3 孩子不开心时，希望父母赶快“救火”

超过八成父母和孩子均认为亲子间存在冲突，集中在学习、交友、花钱、隐私等“个人选择”方面。

许多孩子认为“和父母沟通中最大的困难”是父母不能理解自己，当孩子面临心理压力或负面情绪时，并不希望父母第一时间“伸出援手”，而更希望父母将自己视为独立个体，给自己独立思考和独立解决的机会。

父母不能总是把自己放在高高在上的教育者地位，总是把孩子当作“受教育者”，那样沟通起来就很困难。要设法和孩子交朋友，少一些说教，多一些理解，改变沟通方式。

误区 4 异性交往就会导致“早恋”

中国教育科学研究院的调查结果显示，48% 的孩子表示“很愿意”结交异性朋友，而 46% 的父母担心子女“学业受影响”等。不少父母处于高度戒备、过敏状态，有的甚至给孩子贴上“早恋”的标签。

父母要少一点急功近利之心，多一点对孩子身心健康的关注。要认识到异性交往对孩子今后的发展有长期和重要的价值，鼓励孩子多和不同的异性交往，但不要盯住某一个人。

误区 5 父母了解孩子学业和情感的真正需求

中国教育科学研究院的调查结果显示，47% 的孩子认为父母给的学习压力较大，高达 63% 的孩子希望“得到父母的鼓励和肯定”，18% 的孩子希望能自己管理学习，而希望父母买学习资料或报补习班的，仅分别为 4% 和 5%。可见父母未能发现孩子在学业和情感上的真正需求，做得最多的恰恰与孩子的期望相反。

父母受教育程度越高，越注重培养孩子的学习能力。孩子的自主性更强，感受到的学习压力也越小。父母要设法帮助孩子树立远大理想，让孩子点燃学习的欲望，而不是父母逼着孩子学。

误区 6 父母权威取决于“为孩子做了多少”

孩子比较厌烦父母的行为主要是“意见不一致时常争执”“不顺心

时爱唠叨”“无心犯错也常被责备”等。认为父母“比较合格”或“不太合格”的比例分别为34%和44%，孩子对父母的评价总体上很一般。

父母要教育好子女，首先要让自己更出色，而不是“为孩子做了多少”。父母“做自己做得越好”，孩子对其总体评价越高，反之亦然。这再次说明“身教重于言教”。

误区 7 父亲在家庭中没有教育优势

孩子选择父亲作为情感倾诉对象的比例仅为3%。调查结果显示，夫妻共同教育孩子的家庭仅为43%，主要由母亲承担教子责任的高达40%。

父亲是孩子形成独立、自信、果敢、坚强、富有进取精神等个性品质的重要源泉。尤其在教育青春期孩子时，父亲对孩子的影响更深远。父亲教育的缺位和父亲教育资源的浪费，值得警惕。父母要多协商，把父亲在教育中的优势发挥出来。

误区 8 多报辅导班就能带来好成绩

在追求更高、更好的教育方面，低收入家庭与高收入家庭具有同样强烈的愿望，72%的孩子报了课外辅导班。但经济条件差的家庭中，投入越多，子女成绩优秀的比例反而越低。也就是说，投入和成绩关系不大，反而影响亲子关系。

父母应该醒过来了，单纯给孩子花钱补课，效果并不好，不如给他补自信、补习惯、补方法，这样对孩子的提升更大。

误区 9 孩子大了没必要进行性教育

父母对孩子性教育的缺失异常严重，46% 的父母“从未提过”相关内容，36% 的孩子通过低俗的成人片或黄色网站获取性知识。很多孩子在身体变化时感到不安和恐惧。

父母要尽快加强学习，并把正确的性知识和理念传递给孩子，避免出现性知识缺乏导致的悲剧。

误区 10 学习成绩与亲子沟通质量无关

调查结果显示，有心事时愿意和父母分享的孩子仅为 18%，和子女很少聊天的家庭高达 15%。成绩好的学生倾向于采取积极主动沟通的方式，成绩差的孩子则倾向于选择反抗、忍耐和妥协等方式。父母与孩子沟通的话题主要是学习，沟通方式多为父母问、子女答的模式。

如果父母和子女很少沟通，孩子遇到问题都不愿意跟父母说，出问题的风险就太高了。父母一定要设法和孩子交朋友，鼓励孩子说出心里话，包括不中听的话，让大家畅所欲言。

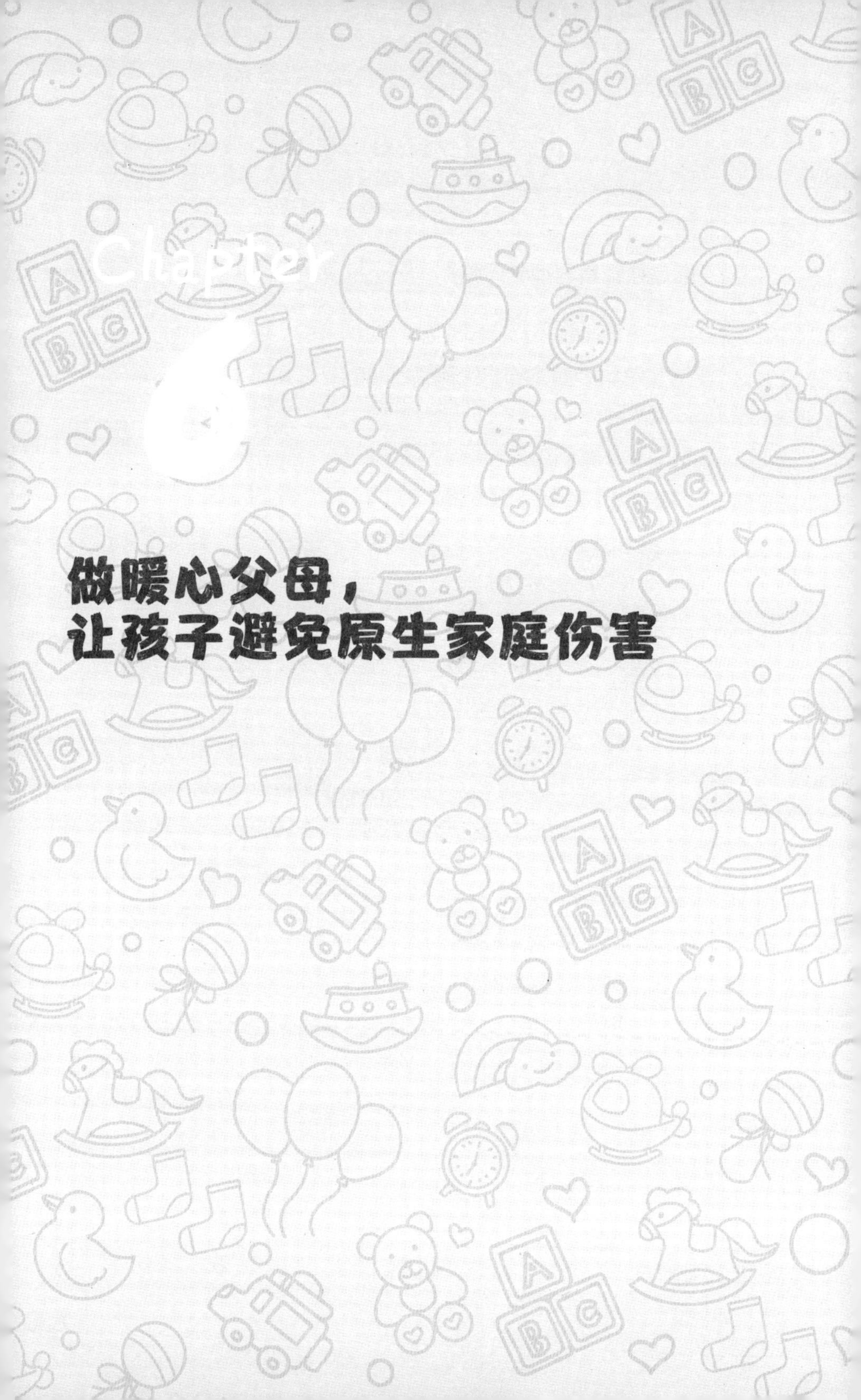

Chapter 6

做暖心父母，让孩子避免原生家庭伤害

小测试

>>> The Test

你是独裁暴君型父母吗?

以下 8 个问题，作为父母的你必须诚实作答。每个问题只可选择一个答案，如果三种情况都有，就请选择你最常有的情况。

---

1. 孩子把成绩单拿回家时，你发现他的成绩不合乎你的期望，你通常会:

☐ **A.** 怒火中烧，破口大骂，觉得孩子太蠢，常以不签名或扣他的零用钱作为惩罚。

☐ **B.** 没有太大的反应，觉得自己已经很忙，对孩子的事不想太费心思，所以随便在成绩单上签个名就算了。

☐ **C.** 对孩子的成绩很重视，和他一起检查错误，帮他找出出错的原因并鼓励他继续努力。

2. 学校组织学生去露营，你的孩子表示想参加，你会:

☐ **A.** 叫他不要烦你，一切自己解决。

☐ **B.** 不但同意，还要问清楚露营的详细情况，给予物质支持，同时又提醒孩子考试将至，让他自己权衡决定。

☐ **C.** 认为孩子一天到晚只是玩，而且露营不是什么有意义的活动，不准参加。

小测试

>>> The Test

3. 早上起床发现天气突然转凉，对准备上学的孩子，你会：

☐ **A.** 千叮咛万嘱咐要孩子加衣，并在他出门时把一件外套硬塞到他手上。

☐ **B.** 认为这是生活小节，由孩子自己掌握。

☐ **C.** 告诉他今天天气转冷，提醒他加衣。

4. 孩子的生日将至，你会：

☐ **A.** 不记得，甚至孩子暗示你时，你也无动于衷。

☐ **B.** 认为生日没有什么了不起，孩子只会记得自己生日，平时叫他做事或学习就没有那么积极。

☐ **C.** 很早就记起孩子的生日，探问他需要什么礼物和以什么方式庆祝，如果他自己已有安排，就另约时间庆祝。

5. 对于孩子的未来，你的看法是：

☐ **A.** 让他自由选择，不过希望他出人头地。

☐ **B.** 一定要他考上大学，最好是名牌重点大学，读最热门的专业，否则就是没有出息的表现。

☐ **C.** 认为自己的孩子是个不思长进的人，对他没有什么期望。

6. 当孩子批评你做的饭菜不好吃时，你的反应是：

☐ **A.** 叫他不要意见太多，喜欢吃就吃，不喜欢吃就不要吃。

☐ **B.** 不理他，只顾自己一边吃饭一边看电视。

☐ **C.** 比较重视他的意见，问他喜欢吃什么。

7. 有几天假期，你一般会：

☐ **A.** 安排好家庭节目，即使孩子已有自己的安排也要他取消，参加你准备好的节目。

☐ **B.** 自己为自己找活动，至于孩子，留在家里还是自己去玩，不理会。

☐ **C.** 先与孩子商量，看他有什么活动，然后安排一些家庭活动，也留一些时间给他和你自己。

8. 孩子今晚外出，很迟才回家，你会：

☐ **A.** 自己锁好房间门睡觉，不管他有没有带钥匙。

☐ **B.** 等他回来，像审犯人般问长问短，以及警告他如下次再犯就把他关在门外。

☐ **C.** 等他回来或留一张纸条给他，叫他早点洗澡睡觉，迟归的事明天再谈。

评分标准

把以上你选择的答案的分数加起来，参考下面的类型分析，你就能知道在对待孩子的问题上，自己属于哪种类型的父母。

小测试

>>> The Test

题号	1	2	3	4	5	6	7	8
你的选择								
分值	A.2分 B.1分 C.3分	A.1分 B.3分 C.2分	A.2分 B.1分 C.3分	A.1分 B.2分 C.3分	A.3分 B.2分 C.1分	A.2分 B.1分 C.3分	A.1分 B.2分 C.3分	A.1分 B.2分 C.3分
你的得分								
总分								

测试结果与分析

放纵型父母
8 ~ 10分

你对孩子的一切都没有特别感兴趣，凡事最好由他自己解决，你只负责出钱让他吃饱和读书，无论他做得优秀和错误，你都不太关心。表面看来，你是个给孩子高度自由的好父母，其实在内心，你是个比较懒散的人，你的孩子在享受自由以后，会觉得自己像个孤儿似的不受重视和爱护。

请注意：长此以往，孩子便很容易变得孤僻和放纵，不思进取。

小测试

>>> The Test

独裁暴君型父母
11 ~ 17 分

你本身是个自我意识非常强的人，可能你会认为孩子年纪小，不懂得为自己计划，所以一定要听你的主意，如果不顺从你，你会轻则责骂，重则惩罚或者对他熟视无睹。

你整天板着面孔对孩子，自己累孩子也苦，他可能会在表面上顺从你，但内心却不以为意，甚至对你产生怨恨。

开明理智型父母
18 ~ 24 分

你对孩子的一切都非常关注，只是很策略地不表现出来，你给孩子更多的自主权让他学会自立，但他需要你时，你会及时给他提出中肯的意见和帮助。在孩子心目中，你既是他的朋友，又是值得尊敬的父母。你们之间有事商量，彼此信任。孩子觉得这个家很温暖。你因为不用担心孩子，所以觉得做父母很轻松，但请你注意，这也是你给孩子的压力，使他觉得如果做不好，就对不起你。

开启戒吼之旅

第1节

父母的负面情绪，不波及孩子

- 做好情绪管理
- 学会反思
- 自我观察
- 与负面情绪和平共处

有些父母无论在工作中还是在生活中遇到不如意后，喜欢把“情绪垃圾”扔给孩子，表现为大吼大叫，向孩子发火、责骂孩子等。这样很容易给孩子造成心理伤害。

下面一些小方法可以帮助父母防患于未然。

父母要做好情绪管理，反思问题根源

因为提案刚挨了领导一顿批评，小宝妈妈很不爽。回到家，推门一看，小宝用蜡笔把沙发垫涂抹得一片脏乱。小宝妈妈怒火中烧，对着小宝一通吼叫，吼得小宝先是呆若木鸡，接着号啕大哭。

NO 场景

大吼大叫的父母，会让孩子感到情绪暴力的可怕。习惯了父母通过情绪暴力来解决问题的孩子，在成长的过程中也会潜移默化地将父母解决问题的方法变成自己解决问题的方法。就像一个小时候不喜欢父亲对母亲行使家庭暴力的男孩，长大后很容易复制父亲的家庭暴力一样。

如果父母经常对孩子吼叫，孩子长大后，遇到事情就会自然而然地用大吼大叫的方式来沟通和解决他们所遇到的一切问题。

YES 场景

妈妈今天有点不开心。你看你又把沙发垫弄得脏兮兮的。

妈妈，你为什么不开心啊？我是男子汉，可以保护你。

你看，我的小明能保护妈妈了。

小明和妈妈一起把沙发垫洗干净，晾在了阳台上。

戒吼戒叫，父母需要反思自己是不是也有原生家庭创伤，比如你的父母也曾经这样对你大吼大叫，导致你又复制到对下一代的教育上。

父母要反思自己是不是冲动型人格，遇事没有办法做到冷静，而是容易冲动。若是，这背后反映的是你的不安全感，遇事喜欢先下手为强，以某种“虚张声势”来掌控局面。

通过自我观察，与负面情绪和平共处

强制性的压制或者迅速将负面情绪消灭都是不现实的，理想的做法是及时觉察它，与它共处，明白它只是一种情绪。这样的内观训练进行多次后，你就会知道负面情绪从何而起，为什么会向孩子发泄。有可能它只是自己负面情绪的投射，和孩子无关。

大吼大叫式的情绪暴力是一种压迫。经常处于这种压迫下，孩子会变得更加胆小、孤僻、怯懦，容易紧张，缺乏安全感等。父母要慢慢稀释来自原生家庭的伤害，并要特别注意不要把伤害传递给自己的孩子。

YES 场景

孩子玩了一身土从外面回来，没换鞋就直接坐到沙发上。

你去哪里玩了，挺开心的吧？

去沙池堆城堡了。

需要吃点东西吗？把鞋子、衣服换一下，妈妈这就弄好了。

面对孩子的一些淘气或者不如意的举动，准备大吼大叫时，不妨先做一个深呼吸，提醒自己放松下来。或者暂时离开这个情境，比如关上房门，走到室外冷静一下，当你再回来时，也许就能心平气和了。

学会放手

第2节 不要绑架孩子的梦想

- 参与孩子的梦想
- 梦想和学业挂钩
- 鼓励孩子要坚持

孩子借由父母来到这个世界，但孩子是独立个体，他会有自己的梦想。孩子不是父母的附属品，更不是父母可以随意安排的宠物。有些父母喜欢将孩子作为自己梦想的载体，殊不知，这样容易给孩子带来诸多伤害。

参与孩子的梦想

NO 场景

小慧从小喜欢画画，不喜欢跳舞，但她4岁就被父母安排去练习舞蹈；小丽从小就被迫练钢琴，虽然她一点也不喜欢……

父母强迫孩子去做他不喜欢的事，孩子可能会妥协于父母的安排，他会认为既然表达自我在父母那里得不到尊重，那就掩藏自己真实的想法。既不喜欢父母的安排，又不敢追寻自己梦想的孩子，内心非常痛苦。

如果孩子的梦想正当且有可实现性，父母应该和孩子好好商量，在关键的时候帮帮孩子，而不是一味拒绝或否定孩子的想法，更不能用自己曾经的梦想代替孩子的梦想。

小课堂

父母不能代替孩子成长。有时候，孩子不愿意按照父母的“规划”去实现人生梦想，而是走了一条符合自己性格发展的人生之路，也许比较曲折，甚至布满荆棘，但是，这样的“弯路”却是最有价值的，因为他在做自己喜欢的事情。

引导孩子把梦想和学业联系起来

NO 场景

我长大了要开挖掘机。

开挖掘机没出息，不如做工程师受人尊敬。张叔叔就是工程师，在公司里很受欢迎。

如果父母把孩子当成自己梦想的延伸，一味让孩子去满足自己人生的理想，而不是站在孩子的角度，尊重孩子的自由选择，孩子会本能地感到，父母并不是真的爱自己，父母其实爱的只是他们本人，至于自己，只是父母梦想的“道具”。这会极大地影响父母和孩子之间的感情。

YES 场景

有梦想是好的，不论是当宇航员，还是当科学家等，都值得鼓励。但如果光有梦想却什么都不做，最后就会变成空想。父母要帮孩子规划实现梦想的路径，把梦想细化为每天的学习，踏踏实实地一步一步往前走。

>>> 小课堂

做父母的，都希望孩子将来幸福，事业有成，那就心平气和地和孩子深入沟通，并将最终的选择权交给孩子，然后全力支持孩子的梦想，让孩子为自己负责。

不断鼓励孩子坚持

即便孩子的梦想有些不切实际，通达的父母也要采取合理沟通的方式，要站在孩子的立场，坦诚地和孩子深入细致地交流，分析各种利弊，并让孩子看清前进道路上的障碍，以及他必须为此付出的努力。

NO 场景

爸爸，你看我画的画，还不错吧。

画的什么啊，瞧瞧乱七八糟的。我让你去学游泳，你画这个干吗？

孩子长期被否定，会变得极为叛逆。认为既然父母不尊重自己，那为什么要听父母的呢。由于孩子还小，他的人生阅历非常少，他的选择并不一定最适合他，有时候因为和父母赌气，临时选择了另一条岔道，走上歧途，将原本可能很美好的前程亲手毁掉了。

YES 场景

爸爸，我的画，你看看。

画得很不错，画面很明亮，线条很流畅。

我想画好多画，拿去展览。

坚持每天练习，跟着老师好好学，你的梦想一定可以实现。

孩子坚持要试一试，那么父母应该全力支持孩子。有许多当年看上去遥不可及的梦想，后来很多都变成现实。孩子感受到父母是在真心支持自己实现梦想，他会从心里感到温暖，更会在行动上全力以赴。

追寻梦想的过程中一定会遇到很多阻碍。父母可以帮助孩子想办法，不断鼓励孩子，很多事情再坚持一下，后来就做成了。

学会放手

第 3 节

别总用“为你好”强迫孩子接受

- 懂得适当放手
- 给孩子成长空间
- 对孩子有信心

“我可都是为了你啊！”生活中，不少父母会打着为孩子好的名义，对孩子实施可怕的“控制”。这是原生家庭伤害中比较常见的一种情形。

父母一定是爱孩子的，但这份爱应该是轻松自在的，不应该沉重得让人想逃。父母过度“控制”孩子，容易对孩子造成心理伤害。具体如下：

孩子会压抑自己的感情，变得自卑、内向

NO 场景

心理学专家李雪说：

一个身体只能承受一个灵魂，如果父母的控制密不透风，实际上就是霸占了孩子的心灵，孩子在精神上实际已经死亡了。

控制欲极强的父母认为，孩子有想法是十分可怕的事情，会让事情变得失控。这种类型的父母不仅对孩子非常不放心，经常对孩子提要求，还会在行动上处处干涉孩子，理所当然地要求孩子必须绝对按自己的意愿行事。孩子只能压抑自己的感情，变得自卑、内向等。因为他知道，表达自己的任何想法都是徒劳的，父母根本不会去倾听。

YES 场景

阳阳，这次去泰国，爸爸妈妈由你带路。

爸爸，我来安排去哪里玩，可以吗？我知道怎么坐车。

没问题，你顺便看看订哪个酒店更合适。最好不要超出预算。

好的，爸爸。您看这两天天气不错，我们可以先去海边。

孩子成长的过程，是与父母渐渐远离的过程。父母要懂得适当放手，给孩子成长的空间。同时，父母可以发现生活原来可以这么轻松，放手也挺美好的。

孩子会觉得自己是一个提线木偶

控制欲强的父母，特别害怕出现失控的现象，孩子所有的行动，包括衣、食、住、行、玩、学等，都必须在父母划定的圈子里面，不能越雷池半步，甚至稍微靠近边缘一些，父母就会非常紧张，赶紧把孩子拽回来。这样密不透风的管控让人窒息，孩子感受不到父母对自己的爱，觉得自己只是父母行使意志的一个提线木偶。

NO 场景

孩子在家上网课，
妈妈时不时进去看看孩子有没有在玩游戏。

妈妈，你能不能不要这样打扰我？

我这样做，还不都是为了你好吗？

与父母交流过程中，孩子感受不到被尊重，感受不到被信任，因而经常感觉不舒服，甚至压抑。当孩子的负面情绪积累到某一节点爆发时，父母还不明缘由，丝毫意识不到是自己之前的一系列行为导致的，反而

认为是孩子的问题。

父母要自信一点，更要对孩子有信心。父母的职责是用爱给孩子提供一个安全的环境，至于如何探索世界，那是孩子的自由。在保证安全与健康的前提下，可以放手去让孩子做一些事情。

孩子会变得非常叛逆

心·理学家阿德勒认为：

在有关儿童心理学的论述中，正因为被父母过度控制，成年后的孩子往往用更大的力度来反弹和反叛。

当初父母的控制有多强，今后孩子的叛逆就有多强，甚至父母正确的意见也根本不愿意听，直接抛到九霄云外。

例如，女儿今年参加高考，妈妈为了严加管教，对女儿的一切行为都要过问，甚至安装了玻璃墙全面监督她。

NO 场景

女儿想考南京大学，妈妈却让她考清华大学。

（女儿冲着妈妈大喊。）你从来都是凭着你自己的想法，决定我的人生！

▶▶▶

妈妈都是为了你好。

这种严密控制下的爱，让孩子喘不过气。很多时候，父母这种“为了你好”的爱，让孩子饱受伤害，不仅培养不出优秀的孩子，而且让亲子关系变得异常紧张。父母多年心力交瘁地培养孩子，很可能换来孩子的恨和冷漠。

YES 场景

孩子是独立个体，有自己的想法。父母不要替孩子做所有的决定，在可行的范围内，允许孩子按自己的意志来。不要什么都给孩子规划好，把孩子当作宠物一样养。父母要认真听取孩子的想法，好好沟通。不要不同意孩子的意见后，就来一句“都是为你好”。

控制欲强的父母其实是自私的，更是怯懦的，因为他们无力控制现实，只能通过控制孩子来满足自己的掌控欲。否定孩子的想法，处处限制孩子，从来不在意孩子的感受。但是，越想控制，越难以如愿。父母最需要学习的是，在恰当的时候，停下脚步，放下双手，让孩子慢慢往前走。

不忽视、不偏心、不攀比

第4节 别让孩子陷入“被遗弃”的漩涡里

- 高质量陪伴孩子
- 出差时要每天视频
- 重视特别节日
- 勿说“不要你”

现实生活中，不少父母忙于工作，顾不上孩子。他们常常早出晚归，平时孩子都是由爷爷奶奶或是外公外婆看护。有些稍大一点的孩子，就得自己照顾自己。然而，能否跟父母尤其母亲建立亲密的依恋关系，关乎孩子一生的安全感和幸福感的建立。那么，如何做才能减少对孩子的心理伤害，不让孩子产生被遗弃感呢？这里给父母支一些招。

父母要高质量陪伴孩子

孩子最需要亲情陪伴，这样才能获得归属感和安全感。亲子陪伴，不一定要每天24小时，也不一定要面面俱到，而是陪伴的时刻要在全身心地陪伴孩子，和孩子在同一频道上。

NO 场景

有的父母表面陪着孩子，实际上在不断看手机、打电话或者吃东西。虽然身体在陪孩子，心思却在别处。

“身在曹营心在汉”，父母这种粗糙的陪伴，在聪明而又敏感的孩子眼里，就是“爸妈不喜欢我，我没那么重要”。一旦孩子有了这样的想法，在和父母交流时，他就会把自己真实的一面掩藏起来，观察父母的表现，期待父母重新爱自己。

YES 场景

妈妈，讲故事的时间到了。

妈妈接过孩子选的绘本，绘声绘色地给孩子讲起来。

妈妈，再讲一遍。

这是最后一遍了，宝贝该睡觉了。

父母最好每天都安排出时间来陪孩子，全身心投入，做亲子阅读、聊天、哄孩子睡觉等。

即便不能每天抽出时间，每周两三天总是可以的。把时间错开，这样隔一天就能陪陪孩子。其实父母只要把工作安排好，肯定能挤出时间来。孩子最理解父母，他看到父母这么忙，每天还抽出时间陪自己，必定感到幸福满满。

出差在外，要争取每天视频通话

因为工作原因，有些父母经常出差，还有的常驻在外地，这种情况对孩子的陪伴就非常少了。如果不注意联络，时间一长，孩子就有被遗弃的感觉了。

例如，有个小女孩，父母经常出差。小女孩常年跟爷爷奶奶一起生活，她认为父母“不要我了”，伤心失落，一气之下离家出走了。好在民警找到了小女孩。小女孩很幸运，要是遇到坏人，后果不堪设想。

NO 场景

缺失亲情、关爱长大的孩子，容易有依恋创伤症，即没有被满足和父母的依恋需求，长大后缺乏安全感，容易出现自卑、孤僻、暴躁、情感表达障碍等。

YES 场景

在外地的爸爸正在给女儿打视频电话。

爸爸现在上海，你看街上人来人往，很热闹。

▶▶▶

我看到了，上海晚上很漂亮。

科技带来美好生活，手机通过网络可以随时把人们连接在一起。即便远隔千里，父母这样上心，孩子也会觉得很幸福。

3

重要的节日要特别重视

遇到孩子生日等重要日子，要提前给孩子买礼物，生日当天要特别祝福孩子，并把孩子过生日的场景拍照留念，让孩子感受到父母是真的爱自己。千万不可不当一回事，孩子对此是很有期待的。

NO 场景

小明生日，爸爸妈妈忙得给忘记了。小明很伤心，晚上悄悄在被子里哭了好久。

千万别让孩子陷入“被遗弃”的漩涡里，孩子一旦产生被原生家庭抛弃的感觉，他可能会对父母有怨恨，甚至用一些叛逆的方式报复父母，比如早恋、逃学、行为不端等。孩子长大后，在亲密关系里可能会变成一个容易过度索取，希望控制另一半的人。这样做的原因是，他想紧紧地抓住另一半，防止重复出现童年那种被抛弃的创伤。

永远不要对孩子说“不要你了”

父母是孩子的天，不管发生什么事，都不要抛弃孩子。父母的抛弃，会对孩子造成重大的心灵创伤，有些父母不注意，当孩子做得不满意时，总是说“不要你了”这样的话，然而说者无心，听者却很受伤。

NO 场景

安全感是孩子心灵成长的一块重要基石，父母随口一句“不要你了”，孩子心中那座具有安全感的大厦，可能会瞬间坍塌。如果父母经常这样说，孩子今后将长时间被恐惧感包围，孩子虽身在家里，心中却已无家可归了。这种伤害会伴随孩子一生，日后他对人生和亲密关系会有强烈的不安全感。所以这种伤害和威胁孩子的话，父母千万不要说。

父母要留意孩子的一些暗示，比如“班里要选语文课代表了”“小梅爸妈带她出去旅游了”。父母要和孩子好好沟通，了解他的想法。如果长期得不到关爱、感觉自己被抛弃，孩子可能会离家出走。

不忽视、不偏心、不攀比

第 5 节

偏心是看不见的一把刀

- 不厚此薄彼
- 不互相比较
- 不虐待孩子
- 留出陪伴时间

在家庭育儿生活中，家里有两个或多个孩子，不论是有心还是无心，父母容易偏爱一方，很难一碗水端平。在一些父母看来，这种偏爱可能只是无伤大雅的小事，但在孩子眼里，这就是大事。

如果孩子觉得自己是被忽视的那一个，日积月累，孩子就会觉得自己被歧视的尘土包裹着，这会给孩子造成严重的原生家庭伤害。

理想的教育方式是对孩子不偏不倚，建议父母这样做：

1 不要让一个孩子谦让另一个孩子

被逼谦让的孩子会觉得自己不够好，从而贬低自己；受优待的孩子觉得理所当然，助长其以自我为中心的心理。这样的做法，对两个孩子都有害无益。父母应该不偏不倚，衣服、礼物、学习用品等各方面都应该如此，绝不可厚此薄彼。

“你是姐姐，要让着妹妹。把这个玩具给妹妹玩一会儿吧。”“让妹妹先选，姐姐等会儿。”……两个女儿的妈妈，每天都在重复这些话。

不受重视的孩子会感觉自己不值得被爱，性格会变得自卑、孤僻、抑郁等。每个孩子都应得到同样的爱。

YES 场景

因为不同的性别或在不同的时期，父母对孩子的关爱可能会有所侧重，但一定要适度，不能让孩子感到有失偏颇。同时，父母要积极改变自己的观念和言行，努力做到一碗水端平，不偏不倚。

2 不要动不动拿孩子互相比较

父母总是比较两个或多个孩子，这与个人偏好有很大关系。有些父母偏爱乖巧听话的孩子，对淘气的孩子非打即骂；有些父母偏爱淘气嘴甜的孩子，却忽视了乖巧听话的孩子；有些父母重男轻女；还有些父母则重女轻男……

NO 场景

父母喜欢拿别人家的孩子来贬低自己的孩子；二胎家庭的父母喜欢拿两个孩子作比较。

互相比较只会让挨批评的孩子心生怨恨，甚至产生报复行为，他也可能会把这份怨恨转移到别人或小动物身上，出现故意伤害别人或小动物的情况。同时，这会让受表扬的孩子心生傲气，觉得自己很了不起。如果父母经常这么比，对两个孩子都危害不浅。

长期受歧视的孩子难以再次建立对他人的信任。这会让他难以融入团队中，在今后工作中困难重重，和伴侣相处，也会出现诸多问题。

3 无论出现什么情况，绝不能虐待孩子

有些家庭两个孩子反差很大，一个非常聪明，一点就通；另一个怎么教都不明白。还有些家庭一个孩子健康，另一个孩子有残疾……

父母要注意，对聪明的孩子捧在手心，对反应慢的孩子、有残疾的孩子口出恶言，甚至虐待，这是非常可怕的做法，可能导致悲剧发生。

不论孩子性别如何、身体如何、智力如何等，都是父母的孩子，父母都要当宝贝一样对待，爱孩子就是在爱自己。

家里有两个或者多个孩子，父母若过于偏爱一方，会给其他孩子造成原生家庭伤害。如果严重受歧视，孩子心理可能会变得扭曲，认为自己痛苦的根源来自同胞手足，就可能做出伤害同胞手足的事情。

4 有二宝以后，要留出单独陪大宝的时间

孩子的心是敏感的，父母有二宝后，仍要每天单独给大宝留出陪伴的时间。父母要让大宝感受到爱，使大宝的心态保持积极阳光的状态。

例如，小慧妈妈刚生了弟弟，一家人全都围着弟弟转。看着忙来忙去的爸爸妈妈，小慧哭着说："弟弟来了，你们就不关心我了，我恨弟弟。"原来，弟弟出生后，爸爸妈妈再也没有陪过她。

在心理学中有个名词叫作"同胞竞争"，家庭中有了两个或者两个以上的孩子，因为孩子年龄不同，父母基于关注程度的不同，必然会引

发孩子之间的比较和竞争。因此，有了多个孩子的父母必须平衡孩子之间的关注程度，避免落差太大。

YES 场景

大宝，妈妈要哄弟弟睡觉，你自己先玩一会儿。

我也要睡觉，妈妈也哄我。

弟弟还在穿尿不湿，要不要也给你穿？（见女儿一个劲摇头，她又说道。）弟弟睡着了，妈妈就来陪你。

大宝，可以帮我照顾一下弟弟吗？你以前也是这样被照顾的，每个人都是这样长大的。

父母请大宝帮忙，大宝通常是愿意的，这样有利于培养孩子的责任感。但父母不要觉得理所当然，若大宝不愿意帮忙，不要责怪大宝不懂事，否则容易让大宝产生怨恨。

小课堂

长期受到偏爱的孩子，性格可能变得极端自我、自私，蛮横任性，这样的性格走上社会以后，也会遭遇种种难题，甚至成为让人嫌弃的“巨婴”。

不忽视、不偏心、不攀比

第 6 节

父母嘴里不应常挂“别人家的孩子”

- 改变心态
- 沟通得体
- 学会反思

很多父母因为没有和别人家的孩子深度接触，看到的往往只是对方美好的一面，所以深信别人家的孩子都是那么优秀。也有一些父母喜欢用夸别人家的孩子的方式，来激励或者打击自家孩子。激励是因为想让自家孩子向“别人家的孩子”多学习，打击是因为觉得不能让自家孩子过于骄傲。

父母的出发点都是为了孩子好，但总夸别人家的孩子，会伤害到自家孩子。比如，容易让孩子自卑，形成“父母其实并不爱我”“我并不重要”等心理暗示。那么，父母该如何做呢？

父母要改变自己的心态

如果父母克制不住自己，经常拿“别人家的孩子如何优秀”等话题来教育孩子，就要想想，这样的教育方式是真正可以促进孩子的健康成长，还是有可能对他的身心造成伤害呢？还有，别人家的孩子真的那么好吗？父母是不是拿别人家孩子的优点与自己孩子的不足做比较？

NO 场景

你看，隔壁家的小宝多聪明，这次考试又拿全班第一了。

你看，王阿姨家的小美多乖啊，每个人都很喜欢她。再瞧瞧你，怎么就那么淘气？

在生活中，有一些父母会经常拿“别人家的孩子”对比自家孩子，眼里只有别人家孩子身上的闪光点，总觉自家孩子不行，没有耐心去发现自家孩子身上那些闪光点，更别提去赞扬、鼓励、引导孩子了。

在用“别人家的孩子”来刺激孩子的教育方式下，不少孩子非但没有变得更优秀，反倒变得有些颓废了。比如，变得越来越沉默寡言，变得更加叛逆，当妈妈说别人家的孩子如何优秀时，有的孩子还会不服地吐吐舌头，一副根本不承认的样子。

过分强调别人家的孩子，会极大伤害自家孩子的自尊心，打击他的自信心。孩子意识到自己不如别人时，可能已经很失落了，甚至正在想办法努力。如果父母这么一对比，孩子可能会认为自己就是不优秀，各方面都不如别人。

小课堂

父母要慢慢改变自己的心态，多发现孩子的优点。孩子每一次努力和进步，父母都要给予鼓励和赞美。

沟通方法要得体

NO 场景

小孩也有同理心，过低评价会对孩子造成沉重的心理阴影。珍珍的父母总爱拿她和表姐做对比，珍珍会觉得父母将自己当成竞争和攀比的工具。

YES 场景

丽丽在屋里看电视，姐姐在院子里跳绳。

宝贝，你是一个特别棒的孩子。只是，每个人都有自己的优点和不足，是不是？

▶▶▶

是啊，我不喜欢运动，我喜欢看电视。

可能是看电视的缘故，你的口才明显比姐姐好。姐姐跳绳不错，你是不是可以考虑，多向她请教一些跳绳的技巧呢？

先肯定孩子的优点，然后表明孩子和孩子之间可以互相学习，这样孩子更能愉快地接受父母的观点。

父母要学会反思

当父母跟孩子说别人家的孩子如何时，问问自己：我成为别人家的父母了吗？避免总夸别人家的孩子，要做懂得欣赏自己孩子的父母。

轻易拿自家孩子和别人的孩子进行比较，孩子会觉得父母不爱自己，甚至心里对父母产生怨恨，表现出叛逆的行为。

NO 场景

小明的父母经常否定他。

怎么别人家的孩子那么优秀，你却这么不争气？

我是你们亲生的吗？难道我真的一无是处吗？

父母对小明的态度导致他讨厌父母，不想跟他们说话，不想见到他们。

当父母责怪孩子各种习惯不好的时候，你是否想过：是谁让孩子养成了这些习惯，你又对孩子做了哪些引导？当你说别人家的孩子学习好、特长多的时候，你是否坐下来和孩子分析过，他学习上的问题出在哪里？你是否有耐心陪他好好做一道题、分析一张试卷？当你说别人家的孩子聪明懂事的时候，你是否想过，在孩子成长的过程中，你是怎样跟他讲道理的，又是怎样让他能像个懂事的孩子一样成长的？

小课堂

每个孩子都是独一无二的，他们有着自己的个性和成长路径，别人的教育方法也不一定适合自己。父母要做的就是因材施教，好好培育自己的孩子。

我的 从容养育

父母的“战争”，请让孩子避开

有调查显示，父母在孩子面前吵架的比例高达七成。这么高的比例，实在让人担心。在被问到最希望父母做的三件事中，孩子们回答的第一件事就是“父母不要再吵架”。另有超八成的小学生认为自己最害怕的事就是父母吵架。

再恩爱的夫妻，也难免吵架，有时吵架甚至还是解决问题的一种方式。然而，为人父母后，吵架就要三思而行了。如果吵架不可避免，那么，夫妻双方一定要把握好以下基本原则。

第一个原则 争吵时尽量不牵扯孩子

吵架会对孩子造成长远的影响，影响孩子今后人格的形成。心理调查表明，那些日后抗拒走进亲密关系的成年人，有许多都是在关系紧张的家庭中长大的，他会对亲密关系产生恐惧。

父母争吵，千万不要把孩子牵扯进来。在谁也说服不了对方时，一些父母就让孩子评判，这实际上是给孩子一个很艰难的选择，连父母都解决不了的问题，让孩子来替父母做裁判，不管谁对谁错，孩子都会面临心理压力。

第二个原则 学会控制自己的情绪

心理学家研究表明，即使很小的孩子，也是有记忆认知的。特别是当他们认为父母理所当然地相亲相爱时，父母在孩子面前争吵、打架，通常孩子会吓得哇哇大哭。

看到父母互相伤害，孩子本能地认为父母不再相爱了，甚至有可能要分手，孩子会担忧自己不再有一个幸福的家。孩子的传统认知遭到了破坏，他的不安全感被激发出来。

根据社会学习理论得知，孩子从家庭中学到的方式，会运用到同伴冲突中，或者成家以后也会用同样的方式争吵。

第三个原则 不轻易提“离婚”“分手”字眼

孩了年幼体弱，天生害怕被遗弃，出于生存的本能，天然有一种依附成人的需要。一旦密切被成人关照的感觉受到挑战，孩子潜意识中关于“被遗弃”的担心就可能瞬间浮出水面。

在被遗弃的恐惧中成长的孩子，长大后容易出现很多心理问题，如对自己和他人都缺乏信心，性格孤僻，难以处理好人际关系，对生活的看法容易悲观等。夫妻吵架千万不要动辄提到“离婚”“分手”之类的字眼，以免孩子产生被遗弃感。

第四个原则 当着孩子的面和好

如果当着孩子的面吵起来了，吵完冷静后，就要设法再当着孩子的面和好。这对于修补孩子因父母吵架而受到的心理伤害非常重要。

父母关系紧张，孩子会对人生没有安全感，长大后容易对亲密关系表现出一种欲拒还迎的矛盾心理：一方面，他极其强烈地渴望亲密关系的抚慰弥补童年的创伤；另一方面，因为童年创伤的痕迹，他又表现出对亲密关系的不信任和恐惧等。

第五个原则 及时和孩子沟通

如果孩子正巧目睹了父母吵架的过程，事后父母还需要对孩子做一些补救。

在孩子幼小的心灵里，一旦撞见父母吵架，他会本能地认为是自己的错，因为自己做得不够好，所以导致父母有矛盾。这时候父母的事后沟通，可以缓解孩子的内疚感。